Lebenslauf

Kein Wettkampf

Von Lutz Balschuweit

Impressum

Verlag: Lutz Balschuweit

Grünestraße 82
D-42929 Wermelskirchen
post@balschuweit.de

Druck: epubli, ein Service der
neopubli GmbH, Berlin

Printed in Germany

Vorwort

Von Bürgermeister Rainer Bleek

Der „Lebenslauf“ von Lutz Balschuweit erscheint mir nicht als sportliche Höchstleistung interessant, die er natürlich gewiß auch ist. Wann hat jemals ein Mensch die Strecke einer Erdumrundung am Äquator in 1.723 täglich gelaufenen Etappen ohne auch nur einen Tag Pause bewältigt? Natürlich bin ich stolz darauf, daß ein Bürger meiner Heimatstadt Wermelskirchen diese famose Leistung erbracht hat. Noch wichtiger ist mir der von Lutz Balschuweit ebenfalls in den Vordergrund gestellte Gesichtspunkt der Lebensveränderung. Es geht eben nicht nur ums Abnehmen, um Sport, um Gesundheit, um Ausdauer, um körperliche Leistungsfähigkeit, so wichtig diese Gesichtspunkte auch immer sind. Lutz Balschuweit beschreibt, wie sich nach und nach, ausgelöst durch den Sport, seine Sicht auf den Sinn des Lebens verändert hat, weg vom Bestreben nach sich ständig vergrößerndem Profit, weg von immer mehr Konsum durch immer mehr Arbeit. Wie die Wahrnehmung seiner Mitmenschen in den Vordergrund rückte, als das Laufen zur Keimzelle erfolgreicher Integration von ehemals fremden Mitbürgern, von Flüchtlingen, in die hiesige Stadtgesellschaft wurde. Lutz Balschuweits „Lebenslauf" ist ein Plädoyer gegen Egoismus, gegen die Teilung der Gesellschaft in ein „Wir" und „Sie", für das Miteinander, für das Gemeinsame. Unabhängig davon, woher die Menschen kommen oder welcher Kultur sie angehören, verbindet sie der gemeinsame Sport, das Laufen auf den schönen Strecken in und rund um Wermelskirchen.

Bevor es losgeht ...

Von Cornelia Seng, Pfarrerin und Kopf der Initiative "Willkommen in Wermelskirchen."

Für Lutz.

Den ersten Kontakt mit Lutz hatte ich Anfang 2015: In einer E-Mail hatte er angeboten, Flüchtlinge mit zum Laufen zu nehmen, runter zur Remscheider Talsperre und zurück. Damals hatte ich gerade begonnen, die Flüchtlingsinitiative "Willkommen in Wermelskirchen" zu koordinieren.

Hier hat also jemand angeboten, mit Flüchtlingen zu laufen: Runter zur Eschbachtalsperre, rundherum und wieder zurück. Mit Tipps zum Laufen.

Dass Leute mit dem Auto zur Talsperre fahren und drumherum laufen, das hatte ich schon mal gehört, aber ganz ohne Auto hin und zurück? Mit dieser

Strecke hatte mein Sohn in der Schule einen ganzen Wandertag zugebracht!

Und dann auch noch mit Flüchtlingen? Ich fragte mich durch bei den Flüchtlingen, die ich kannte, aber ohne Erfolg. Derart sportliche Aktivitäten waren wohl in den meisten außereuropäischen Ländern, aus denen die Flüchtlinge kamen, unbekannt. Oder als Flüchtling hatte man erst einmal genug davon, zu Fuß unterwegs zu sein. Und war froh endlich irgendwo angekommen zu sein.

Aber Lutz gab nicht auf. Er knüpfte selbst Kontakte zu den jungen Männern im städtischen Wohnheim und lief mit jedem, der nur eben mit wollte. Bald hatte er ein kleines Team von Mitläufern. Die jungen Männer lernten erstaunlich schnell Deutsch beim Laufen, quasi nebenher. Und körperlich und seelisch tat es ihnen auch gut! Das konnte man ihnen ansehen.

Ich habe schnell verstanden, dass "Laufen mit Lutz" Mut macht, das Leben selbst unter die Füße zu bekommen, statt sich abhängig zu machen vom zähen Warten auf die Entscheidung des Bundesamtes, ob man anerkannt wird als Flüchtling oder nicht.

Es ist ein bisschen wie ein Hoffnungsprogramm für Deutschland. Asylgestattung hin oder her.

Niemanden am Rand stehen zu lassen, das ist auch die Idee hinter der Flüchtlingsinitiative "Willkommen in Wermelskirchen". Wir wollen Menschen Mut machen, das Leben vertrauensvoll anzugehen. Und als Christ würde ich ergänzen: Weil Gott jeden Menschen liebt und wertschätzt, sind auch wir aufgerufen, das eigene Leben und das der anderen wertzuschätzen und zu respektieren. Es lohnt sich, für das Leben die Füße in die Hand zu nehmen. Das vermittelt Lutz.

Ich wünsche Lutz noch viele Mitläufer. Und den jungen Männern wünsche ich, wo auch immer sie herkommen aus der Welt, so einen Vorläufer wie Lutz. Und uns allen wünsche ich solche Teams von Menschen, die gemeinsam was zum Laufen bringen im Leben.

Cornelia Seng

~~

Von Steffen Eutin, einem langjährigen Begleiter und Kollegen.

Lieber Lutz,

ich bin mit dir die circa 10.000 km gelaufen, nicht wegen des Laufens, sondern ich wollte anfangs einfach etwas fitter werden, etwas konsequent machen, Spaß haben, wegen der vielen unzähligen Erkenntnisse unterwegs, Natur erleben,

Grenzerfahrungen sammeln, meine Begeisterung auch mit anderen Menschen teilen, etwas Neues machen, manchmal verrückt sein und zu guter Letzt waren wir auch einige Male halt "im Einsatz". Warum?

Ich bin gar kein Läufer!

Um es auf den Punkt zu bringen: „Der Kopf muss weg vom Fuß."

Viel Spaß dir auf deinen weiteren Wegen, mein Sportsfreund. Denk nur immer daran: Das Seil… das muss dabei sein!

Steffen

~~

Von Armin Himmelrath, Bildungs- und Wissenschaftsjournalist, Sachbuchautor und Läufer.

So, here we go:

Das ist schon toll: Da lerne ich jemanden kennen, der Texte für ein spannendes Buch zusammengestellt hat, und versuche, das Manuskript bei verschiedenen Verlagen unterzubringen. Die Reaktionen reichen von freundlichem Feedback bis zu völligem Schweigen – vor allem aber: Zugreifen will niemand. Umso schöner, dass das Buch jetzt auf diesem Weg erscheinen kann und Leserinnen und Leser die Chance haben, Lutz bei seinen Läufen zu begleiten.

Armin Himmelrath

~~

Von Frank Berhoff. Einem Mann, der nun auch täglich läuft.

Für Lutz

Eigentlich bin ich schon immer gelaufen....na ja seit 1986, um genau zu sein. Damals wollte ich was für meine Gesundheit tun und bin, wie alle Remscheider, um die Talsperre gelaufen. Mehr oder weniger regelmäßig, aber immer an der Sperre. Ist halt schön flach und man kann die Runde beliebig erweitern.

Ein bis zweimal die Woche bin ich gelaufen. Über Jahre! Circa 2005 hab ich dann ein Pärchen da gesehen, die mit Stöcken (haha) vom Parkplatz auf die Sperre zugingen. Oha, Nordic Walker. Das sind die Leute, die dem neuesten Modetrend folgen und Löcher in "meinen" Waldboden bohren, beziehungsweise lange Rillen in selbigen ziehen. So dachte ich.

Als ich die beiden nach ein paar Minuten laufend überholt habe, staunte ich nicht schlecht über das Tempo und die Performance, die Lutz und Anja, die

Namen habe ich erst viel später erfahren, da hinlegten.

Sie setzten die Stöcke wirklich richtig ein, um sich nach vorne zu drücken. Wie auf allen Vieren. Das war dynamisch und sah alles andere als lächerlich aus.

Immer wenn ich an der Sperre war, traf ich auch die beiden. Am 6. Dezember auch mal im Nikolaus Kostüm und immer mit Kaffee an Ihrem Smart. Ich hab Sie dann irgendwann auch mal angesprochen. Da liefen die beiden mit Stöcken "zeitweise" in der Hand getragen, was dann aussah wie Massai mit Ihren Speeren in Kenia. Wenn es bergauf ging dann wieder mit Stockeinsatz.

Zusammen gelaufen sind wir, wenn es gerade gepasst hat und wir zufällig gleichzeitig ankamen.

Später haben wir uns über soziale Netzwerke auch verabredet und meine Frau ist auch öfters mitgelaufen.

Seit Jahren verfolgen wir das "Täglichlaufen" der beiden Bekloppten und haben immer gesagt: "Das geht doch gar nicht bei einer 60-Stunden-Woche."

Sylvester 2016 war für mich der Startpunkt einer gar nicht geplanten Täglich-Laufen-Aktion.

Wenn aber die erste Woche rum ist, macht man eben weiter. Man muss einfach nur früher aufstehen. Passt.

Motivation war ganz klar die Leistung von Anja und Lutz. Und mein Gewicht von 101 Kilo!

Nach einem Jahr, 3.320 Kilometern und 25 Kilo Körpergewicht weniger, laufe ich weiter im Streak. Den letzen Lauf im Jahr 2017 hat sich Lutz trotz Verletzung zu meinem Jubiläumslauf eingefunden.

Danke dafür und für die Motivation, einfach anzufangen.

Frank Berghoff

~~

Von Bulbul Hussain. Meinem Freund aus Bangladesch, der 2015 mit vielen anderen Menschen nach Deutschland kam.

Menschen treffen auf Menschen um Beziehungen zu knöpfen. Freundschaft ist eine wichtigste Beziehung des Lebens. Ein Leben ohne Freunde, können wir uns kaum vorstellen. Freundschaft heisst nicht die Hand des anderen zu nehmen und zu sagen: "das kommt schon gut." Freundschaft ist keine Tat sondern ist ein Gefühl.

Da war ich im Jahr 2015 ganz neu in Wermelskirchen bzw. in Deutschland. Masood (aus

Pakistan) und ich wohnten gemeinsam in einer Wohngemeinschaft, wo auch noch mehrere zusammen wohnten. Masood lief seit paar Tagen mit dem Lutz Balschuweit, den ich noch nicht kannte. Paar Tage später lud Masood mich ein gemeinsam zu laufen. Meine Antwort war: "Ich bin dabei" und den nächsten Tag lief ich erstes Mal mit Masood und Lutz. "War gut." Da lernte ich meinen jetzigen besten Freund Lutz. Da fing es mit unserer Freundschaft an: und will auch für IMMER.

Bulbul

Angekommen

Ich erinnere mich noch gut daran, wie ich am 19. September 2016, morgens um Viertel nach Sieben, die imaginäre Ziellinie meiner Weltumrundung überlaufen habe. Viele meiner Laufkumpels begleiteten mich auf meinem Abschlusslauf für die Erdumrundung und viele meiner Freunde erwarteten mich im Ziel. Auch die Presse war da und berichtete von diesem nicht nur für mich einzigartigen Ereignis. Neben den beiden örtlichen Zeitungen berichtete auch der Westdeutsche Rundfunk im Fernsehen und im Radio mit einer Liveschaltung ins laufende Programm von WDR2.

Sie erwarteten mich schon, mich, diesen damals fast 51 Jahre alten Typ aus Wermelskirchen, der bis 2004 noch 160 Kilogramm auf die Waage brachte. Vor dem Rathaus in Wermelskirchen hatten sie extra einen Strich auf den Gehweg gemalt und Ziel davor geschrieben. Zusätzlich wurde ein Transparent gespannt, welches ich mit meinem Laufkumpels durchlaufen musste. Auf dem Transparent stand eine Zahl. 40.076,6 Kilometer. Der Erdumfang am Äquator an der weitesten Stelle gemessen. Vier Jahre, acht Monate und achtzehn Tage ist es nun her, dass ich mit meinem Vorhaben am 2. Januar 2012 startete. Das Vorhaben, die Erde virtuell und joggend an der weitesten Stelle zu umrunden. Ohne auch nur einen Tag Pause einzulegen. Sei es wegen Krankheit, Verletzung oder einfach, weil ich keine Lust hätte.

Wie ich auf diese Idee gekommen bin

Damals, 2012, hatte ich noch keine Ahnung, auf was ich mich einlassen würde. Ich wusste nicht einmal so genau, wie lange ich überhaupt täglich laufen wollte, ob ich es durchhalten könnte und wie das mit der Gesundheit auf Dauer funktionieren würde. Petra vom Westdeutschen Rundfunk fragte mich in einem der Interviews nach meiner

Vergangenheit und wie ich darauf gekommen sei, täglich zu laufen. Das möchte ich jetzt erzählen.

Es war Ende des Jahres 2004 als Anja und ich uns wieder einmal zusammensetzten und unsere Planung für das nächste Geschäftsjahr in Angriff nahmen. Wir hatten eine Praxis für Vermögensberatung. Immer gegen Ende des Jahres haben wir die Planung für das nächste Jahr besprochen und festgelegt. Das Geschäft lief gut, wir konnten investieren und waren zufrieden. Aber wir waren beide recht übergewichtig und erkannten genau an diesem Punkt Handlungsbedarf.

Doch es geht in diesem Buch nicht ums Abnehmen. Es geht um eine komplette Lebensveränderung. Und nur der erste Schritt dazu war die Verringerung unseres Körpergewichts. Ich wog damals 160 und Anja 125 Kilogramm. Das konnte auf Dauer nicht gesund sein und wir wollten ja von dem, was wir uns erarbeitet hatten, auch etwas haben. Also musste ein Plan her. Nichts Kompliziertes, etwas ganz Schlichtes, Einfaches. Die Lösung war: Möglichst wenig Zucker, wenig Fett und kein Alkohol. Dazu etwas Bewegung. Unter Bewegung haben wir damals verstanden, spazieren zu gehen. Etwas, was wir in den letzten Jahren komplett unterlassen hatten. Wir hatten damals Kontakt zu Herrn Busch von Busch Automobile in Wermelskirchen und dieser Herr Busch erzählte uns, dass er an der Remscheider

Talsperre immer spazieren gehe. Eine Runde im zügigen Schritt um die Talsperre und dann gehe es ihm für den Rest des Tages gut. Deshalb machten wir uns auf den Weg, starteten unseren ersten Spaziergang und kamen genau bis zur ersten Bank. Zwei Tonnen auf Reisen. Na prima, ich war vollkommen fertig und Anja eigentlich auch. Wir legten erst einmal eine kurze Pause ein und setzten uns hin. Ja klar, aller Anfang ist schwer. Dennoch sind wir dabei geblieben. Jeden Tag sind wir anfangs spazieren gegangen. So büßten wir in den ersten vier Monaten des Jahres schon gute vierzehn Kilo ein. Jeder für sich.

Der Weg über die Steigerung

Ende April 2005 waren wir schon richtig gute Walker und haben uns gedacht, wir müssten die ganze Sache jetzt etwas steigern. Wir begannen dann mit Nordic-Walking und haben uns nach Stöcken umgesehen. Das waren für damalige Zeiten richtig gute Nordic Walking Stöcke und wir waren an der Eschbachtalsperre somit die ersten, die mit Nordic Walking angefangen hatten.

Im Mai dann stand ein Urlaub auf dem Programm, in Portugal an der Algarveküste. Eine schöne Ecke. Wir planten, auch dort mit dem Sport weiter zu machen. Jeden Tag. Das war übrigens auch unser

Prinzip. Jeden Tag etwas Bewegung. Da wir nicht gerne fliegen, sind wir mit dem Zug nach Portugal gefahren. Übrigens eine sehr interessante Sache. Man lernt unterwegs sehr viele Menschen kennen. Es dauert etwas länger, aber dafür erlebt man unterwegs auch einiges. Das Fliegen unterließen wir seit 1995, als ich auf einem Flug eine Panikattacke bekommen hatte. Eine Panikattacke zu Hause ist schon nicht so toll, aber in der Enge eines Flugzeugs ist das noch mal eine ganz andere Nummer. Mein Schwiegervater brachte uns mit dem Auto nach Köln. Vom Kölner Hauptbahnhof fuhren wir mit dem Belgischen Schnellzug Thalys zum Pariser Nordbahnhof Gare du Nord. Als nächstes mussten wir mit dem Taxi einmal quer durch Paris zum Bahnhof Montparnasse. Mit der Metro hatten wir das auch einmal probiert, aber mit dem ganzen Gepäck ist das recht umständlich. Das Taxi war auf jeden Fall auch ein Erlebnis für sich. Wie die Pariser Taxifahrer durch die engen Gassen heizen, ohne Unfall, ist ein Wunder. Ja und dann ging es mit dem französischen Schnellzug TGV bis an die Spanische Grenze in Irun. Von Irun aus dann mit dem Sud-Express, dem Nachtzug mit einer spanischen Diesellok davor, bis nach Lissabon. Ein schönes mit Holz ausgekleidetes Abteil, so wie man sich den Orientexpress vorstellt. Es rappelte an allen Ecken und Kanten. Von Lissabon bis an die Algarveküste sind wir dann mit einem Taxi gefahren. Das war auch nicht übermäßig teuer.

Die ganze Reise dauerte ungefähr 26 Stunden. Wie man sich gut vorstellen kann, ist es so gut wie unmöglich, diese langen Stöcke bei dieser ganzen Umsteigerei mitzunehmen. Also machten wir uns direkt am nächsten Tag auf die Suche, an der Algarveküste Nordic-Walking-Stöcke zu besorgen. Ein schier unmögliches Unterfangen, denn dort, am südlichen Zipfel Portugals, war 2005 der Sport mit Nordic-Walking-Stöcken noch überhaupt nicht angekommen. Nach langem Suchen stießen wir in einem Geschäft für Wander- und Sportzubehör endlich auf Teleskop-Trekkingstöcke und diese kamen dann am Strand zur Belustigung der Einheimischen und auch der anderen Urlaubsgäste zum Einsatz. Nach ein paar Tagen bildeten sich jedoch schon echte Fangruppen, die uns bei unserem Morgensport applaudierten. Doch das Walken im Sand war für uns eine gehörige Umstellung, so dass wir uns erst mal richtigen Muskelkater einhandelten. Hurra.

Die nächste Steigerung unseres Trainingsumfanges vollzogen wir dann im Herbst 2005, als wir einen Kurzurlaub von einer Woche in den deutschen Alpen machten. Erstmals fuhren wir mit unserem im Mai neu gekauften VW Touareg. Den hatten wir uns im November 2004 bestellt, weil ich damals so dick war, dass ich den Gurt in meinem bisherigen Auto nicht mehr richtig schließen konnte. Wir brauchten ein neues Auto und suchten uns also einen großen Wagen mit viel Platz aus.

Als wir das neue Auto dann im Mai 2005 in Wolfsburg abholen konnten und ich mich erstmalig in den neuen Wagen setzte, erschrak ich. Meine Herren, war der gewachsen. Oder ich war geschrumpft. Nun hatte ich das Gefühl, ein viel zu großes Auto bestellt und gekauft zu haben. Shit happens. Wir waren also in Bayern im Kurzurlaub. Immer schön im Nordic-Walking stramm die Berge rauf und auch wieder runter. Das war eine gute Vorbereitung auf den späteren Laufsport. Auch in der folgenden Winterzeit zogen wir unser tägliches Training durch. Jeden Tag morgens anderthalb Stunden Nordic-Walking und am Wochenende waren es jeweils zwei Stunden. Egal bei welcher Witterung. Auch im tiefen Schnee. Es war es ein gutes Training, um nach und nach in die Walking-Einheiten auch noch Laufanteile einzubauen.

~

Das Hirn muss weg vom Fuß.

~

Der Unfall

Im Frühjahr 2006 gab es einen nicht so schönen Zwischenfall. Ich hatte einen Termin bei einem Kunden in Remscheid-Lüttringhausen, im fünfzehnten Stockwerk eines Hochhauses. Anja begleitete mich, blieb aber im Auto sitzen und wartete, bis ich meinen Termin beendet hatte. Ich betrat das Haus und bemerkte, dass der Aufzug defekt war. Fünfzehn Stockwerke, aber hey - das dürfte doch jetzt kein Problem mehr für mich sein, die Treppe zu benutzen. Ich wog ja nur noch die Hälfte meines Ausgangsgewichts und so machte ich mich auf den Weg nach oben, erledigte meinen Kundentermin und lief die Treppe auch wieder hinunter. Alles kein Problem, trotz einer leichten Erkältung. Nun setzte ich mich ins Auto und wir fuhren in aller Ruhe über die Autobahn in Richtung Heimatstadt.

Als wir gerade in Wermelskirchen von der Autobahn abgebogen waren, überkam mich ein merkwürdiges Gefühl und ich konnte so eben noch zu Anja sagen “Mir wird ganz komisch”. Im selben Moment gingen bei mir die Lichter aus. Es muss für den Beifahrer gruselig sein, wenn der Fahrer des Wagens sein Bewusstsein verliert und man nichts weiter tun kann, als zuzusehen, wie das eigene Auto vier andere Wagen rammt, alle Airbags aufspringen und man nur hoffen kann, dass das bald zu Ende geht. Ich für mein Teil bekam von der ganzen Situation nichts mit. Erst, als mir der Rettungssanitäter ins Gesicht tätschelte, kam ich wieder zu mir. Zum Glück ist niemandem etwas Schlimmes passiert, außer den Blechschäden, die ich verursacht hatte. Nach einer Woche Untersuchungsmarathon im Krankenhaus stellten die Ärzte fest, dass sie nichts feststellten. Man nennt das wohl Synkope. Da wirst Du einfach bewusstlos. Ich vermute ja bis heute, dass das ein Zusammentreffen der starken Gewichtsreduktion mit einer Erkältung war. Das muss man auch nicht zweimal im Leben machen. Eigentlich gar nicht. Wir haben dann auch endlich einen Termin bei unserem Hausarzt gemacht. Der hat uns erstmal nicht erkannt, als wir hereinkamen. Wir waren ja nur noch die halben Personen. Unser Hausarzt beglückwünschte uns zu diesem schönen Ergebnis der Gewichtsreduktion und ermutigte uns, mit den sportlichen Auswüchsen weiterzumachen. Gute drei Monate später hatten wir unser Gewichtsziel erreicht. Anja hatte 55 Kilo abgenommen, ich 80.

Als Trainer

An der Remscheider Talsperre, unserem damaligen Lieblingssportgebiet, befanden wir uns zu diesem Zeitpunkt jeden Tag. Vornehmlich am frühen Morgen. Und es dauerte nicht lange, bis wir um uns herum viele neue Freundschaften fanden. Mit anderen Sportlern, die Nordic-Walking machten und mit solchen, die liefen. Und es gab auch Herrschaften, die sich von uns motivieren ließen, vom Spaziergänger zum Nordic-Walker zu werden. Wir waren eine richtig schöne Truppe, die sich an Samstagen an der "Sportler-Kaffeebude" traf. Diese "Sportler-Kaffeebude" war nichts anderes als unser kleiner Smart, an dem wir die Heckklappe öffneten und einen Klapptisch davor stellten. Jeder brachte etwas zu essen und zu trinken mit und so konnten wir nach dem Frühsport die verbrauchte Energie wieder auffüllen. Ein schönes Ritual. Mehr und mehr sprach sich herum, was wir da machten. Es sprach sich herum, dass wir so abgenommen hatten und auch, wie sportlich wir geworden waren.

Zu Hause haben wir uns zu der Zeit noch einen kleinen Fitnessraum aufgebaut, mit Hantelbank und Ergometer, mit Stepper und Crosstrainer. Der Arzt war nämlich der Meinung, dass etwas Krafttraining zusätzlich zum Ausdauersport nicht schaden könne. Das führte dazu, dass wir an Gewicht wieder etwas zunahmen. Doch das schadet ja bekanntlich nicht. Mittlerweile waren wir schon mehr laufend unterwegs als walkend mit den Stöcken.

Anfangs unseres Laufsports nahmen wir die Nordic-Walking-Stöcke mit. Wir walkten, wenn wir nicht mehr laufen konnten und wenn die Kraft wieder kam liefen wir wieder. So tasteten wir uns Stück für Stück an immer längere Laufstrecken heran. Erst waren es drei Kilometer, dann fünf, sieben und zehn Kilometer. Mit der Zeit trainierten wir uns so auch längere Laufstrecken an. Der Körper gewöhnt sich recht schnell an diese Belastung.

Eine Nordic-Walkerin sprach uns eines Morgens an, ob wir ihren Sohn, der hobbymäßig Rally fahre, etwas trainieren könnten. Er sollte etwas Gewicht verlieren. So haben wir uns des Trainings für Rudi angenommen und sind mit ihm gemeinsam gelaufen. Wir haben ihm noch einige Ernährungstipps gegeben und ihm gezeigt, wie er noch etwas fitter werden könne. An den Wochenenden war auch oft sein Vater mit dabei und wir liefen meist eine Zwei-Stunden-Runde gemeinsam.

Die Medien werden aufmerksam

Durch viele dieser Aktionen und die vielen Menschen, die wir bisher kennengelernt haben, wurden auch die Medien auf uns aufmerksam. Zuerst unsere beiden örtlichen Zeitungen. Dann verschiedene Boulevardblätter und ganz zum

Schluss meldet sich auch noch das WDR Fernsehen und wollte eine Reportage mit uns drehen. Ich erinnere mich noch genau, wie wir an verschiedenen Drehorten die einzelnen Einstellungen gedreht haben, an der Eschbachtalsperre mit Laufeinheiten oder bei uns im Wohnzimmer, wo das gesamte Kamerateam mit dieser riesigen Kamera herumwerkelte.

~

Immer gesund ist auch krank.

~

Beruflich langsamer werden

Ich sprach eingangs schon einmal davon, dass es sich bei diesem Buch nicht um ein Abnehmbuch handelt, sondern um meine, um unsere Lebensveränderung. Durch das Laufen und den Sport bewirkt. Wie ich finde eine sehr positive Lebensveränderung. Ich bin ja Inhaber einer Praxis für Vermögensberatung und da hat man bekanntlich den ganzen Tag über sehr viel mit Kunden zu tun. Man fährt von Termin zu Termin, führt seine Beratungsgespräche, kommt nach Hause, geht ins Büro, macht noch etwas Papierkram. Für den Selbständigen hat der Tag immer zu wenige Stunden. Das war auch der Grund dafür, weshalb wir unseren Sport in die Morgenstunden verlegt hatten. Um diese Zeit sollte uns garantiert nichts dazwischen kommen. Doch mehr und mehr erkannten wir, dass Geld und Arbeit nicht alles ist und auch nicht alles sein kann. Das ist in meinem Falle keine abgedroschene Phrase. Ich setzte mich wieder mit Anja zusammen und wir tüftelten gemeinsam aus, wie wir das Arbeitspensum reduzieren konnten. Wir kamen zu dem Ergebnis, einige Prozesse zu automatisieren und weniger Außendiensttermine zu machen. Wir passten also das Geschäft mehr und mehr an, reduzierten die Arbeitszeit und genossen mehr freie Zeit in unserem neuen Leben. Das war ein schleichender Prozess. So etwas geht nicht von heute auf morgen, sondern nur sehr langsam, über Jahre. Morgens in der Frühe ging es raus zum Sport, dann nach Hause, duschen, frühstücken, ins Büro die Arbeitsplanung für den Tag erledigen, dann den einen oder anderen Termin wahrnehmen und am Nachmittag oder späten Abend noch mal ein Spaziergang oder eine Wanderung. Das machten wir so bis ungefähr 2009. Im Frühjahr 2009 kam ich auf die glorreiche Idee, mir ein Mountainbike zu kaufen und zusätzlich zum morgendlichen Laufsport und dem Krafttraining auch noch ein bisschen mit dem Rad durch die hiesige Wildnis zu fahren. Das funktionierte auch ganze zwei Wochen richtig gut, bis ich auf einer vollkommen übersichtlichen Strecke fürchterlich über den Lenker flog. Also erstmal ab ins Krankenhaus, um festzustellen, dass zum Glück nichts gebrochen war. Noch nicht.

Ein Paul und ein Stück Titan

Da ich Anja versprochen hatte, dass sie einen Hund bekäme, wenn ich mir nichts gebrochen hätte, kamen wir auf diese Weise zu Paul, unserem Mischlingshund. Aber es dauerte nur vier Wochen bis zu meinem nächsten Unfall mit dem Mountainbike. Ich war gerade auf dem Weg zur Sengbachtalsperre und fuhr über einen Waldweg. Dort riss es mir wegen einer Mulde oder einer Treckerfurche das Lenkrad herum und ich purzelte samt Fahrrad einen Abhang herunter. Dann blieb ich mit dem Rucksack irgendwo hängen und mal wieder ging das Licht aus. Als ich wieder wach wurde, erkannte ich, dass mein rechter Arm ziemlich weit hinten auf dem Rücken hing. Ich hatte keine großen Schmerzen, aber es sah doch etwas komisch aus. Weit und breit war natürlich kein Mensch zu sehen und so machte ich mich daran, den Arm etwas nach vorne zu holen und in meine Weste zu stecken, weil er einfach nicht mehr funktionierte. Nun nahm ich das Smartphone und rief Anja zu Hause an. Ich erklärte ihr nur kurz, dass ich einen Fahrradunfall gehabt hätte und sie mich und das Fahrrad nun an einem vereinbarten Punkt abholen müsse. In Ellinghausen, hinter dem Baumschulbetrieb Bosmann, kurz vor der Autobahn. Ich schob derweil das Rad mit der linken Hand den Berg wieder hinauf und machte mich auf den Weg zur vereinbarten Stelle. Anja aber konnte das Fahrrad und mich nicht gleichzeitig in die kleine Kiste verstauen. Ein Smart ist eben ein Smart. Mir war klar, dass ich schnell ins Krankenhaus musste, weil mein Arm definitiv nicht in Ordnung war, und ich wollte nun Gewissheit darüber, ob er operiert werden müsste oder ob man ihn einfach nur einrenken könnte. Wir verfrachteten also erstmal das Fahrrad ins Auto und Anja fuhr es nach Hause. Dann kam sie zurück und holte mich ab, um mich auf direktem Weg ins Krankenhaus zu bringen. Es war wieder einmal ein Freitag. Es ist immer ein Freitag. Habe ich schon erwähnt, dass ich Freitage hasse? Ja ich hasse Freitage. Im Krankenhaus war das Gespräch mit dem Chefarzt sehr schnell erledigt. Er sagte, "ihr Arm ist kaputt!" Ach was. Er sagte, es gebe zwei Möglichkeiten, mich zu behandeln. Erstens: "Sie tragen eine Manschette und dürfen den Arm dann ein halbes Jahr lang nicht bewegen. Zweitens: "Sie werden operiert und fangen am Tag nach der Operation mit der Physiotherapie an." Ich entschied mich sofort für die zweite Möglichkeit - Operation mit anschließender Physiotherapie. Alles verheilte sehr gut und ich konnte meinen Laufsport weiterführen. Noch war ich ja kein Täglichläufer und somit war zwischendurch mal ein Pausentag auch kein Problem. Das war alles kein Problem, der Arzt meinte nur, ich solle, wenn möglich, nicht auf den gerade operierten Arm fallen. Ober- und unterhalb des Titaneinsatzes könnte es sonst erneut brechen. Das habe ich geschafft. Fahrradfahren war ja nun erstmal verboten und so kam ich in den Genuss, zusätzlich zum morgendlichen Laufsport an den Nachmittagen mit Frau und Hund wandern zu gehen.

Die Zahnlücke

Mittlerweile lief ich morgens so zwischen 10 und 15 km und das auch, wie gesagt, nicht jeden Tag, aber fünf bis sechs Mal in der Woche. So ging das jetzt eine Weile weiter, bis irgendwann auch mein Arm wieder funktionierte und ich wieder Rad fahren konnte. Mein Kollege Steffen war jetzt mit dabei. Er wollte mich auf dem Fahrrad begleiten und ab und zu auch beim Nordic Walking dabei sein. So kam es dazu, dass wir mehrmals in der Woche mit dem Mountainbike ein Türchen durchs Bergische Land fuhren. So richtig durch die Wildnis, zum Beispiel um die große Dhünntalsperre. Sehr oft auch abseits aller Wege durchs Gestrüpp, mit dem

Fahrrad auf dem Buckel, einfach nur, um durch das Unterholz hindurch zu kommen.

Und an eine Geschichte erinnere ich mich, die sich im Tal der Wupper ereignete, kurz vor Leichlingen, wo es den Berg hinauf in Richtung Wolfstall geht. Dort waren wir wieder mit den Fahrrädern auf einem Waldstück unterwegs, als es nicht mehr weiterging und der Weg endete. Wir mussten die Räder auf den Buckel nehmen und an einem circa drei Meter hohen Abhang entlang durch das Unterholz gehen. Doch irgendwann mussten wir diesen Abhang herunter klettern und ich machte Steffen den Vorschlag, dass ich als erster auf dem Hintern den Abhang herunter rutsche und er mir die Fahrräder nacheinander herunter reichen möge. Gesagt, getan. Ich rutschte. Unten angekommen reichte Steffen mir erst sein Rad an. Er hielt es am Vorderrad und ich nahm es am Hinterrad auf, um es dann langsam abzusetzen. Bei meinem Rad stellte sich die Aktion etwas schwieriger dar, denn Steffen ließ das Rad eine Sekunde früher los, bevor ich es in Händen hatte. So rumpelte das Rad über eine Wurzel, ich griff daneben und bekam den Sattel mitten ins Gesicht. Autsch. Ich spürte förmlich, wie mein Gesicht anschwoll, und ich befürchtete im ersten Moment, dass ich alle Zähne verloren hätte. Zunächst blutete ich gar nicht, aber nach ein paar Minuten fing es dann doch an zu bluten, an den oberen Schneidezähnen und auch die Nase tropfte gehörig. Steffen musste fürchterlich lachen, wurde aber gleichzeitig kreidebleich. Ich wusste noch gar nicht so richtig, was passiert war. Ich war noch benommen. Aber irgendetwas musste so lustig aussehen, dass er so einen Spaß dabei hatte. Er meinte noch zu mir, ich solle jetzt bitte nicht in einen Spiegel schauen, damit ich keinen Schreck bekäme. Aber ich wäre ja nicht der Lutz, wenn ich es nicht doch versucht hätte. Es war grausam. Ich sah aus wie Quasimodo, der Glöckner von Notre Dame. Aber es half ja nichts, wir mussten mit den Fahrrädern weiter, noch ungefähr zwanzig Kilometer bis nach Hause. Kein Problem. Zum Glück war auch hier, so glaube ich, nichts gebrochen. Ich bin nicht zum Arzt gegangen und es ist auch von selber wieder abgeheilt.

Doch irgendwie habe ich die Vermutung, dass meine Zahnlücke zwischen den beiden Schneidezähnen seit diesem Vorfall etwas größer geworden ist. Seit diesem Ausflug habe ich immer ein dünnes drei Meter langes Seil mit dabei. Nicht nur beim Radfahren, sondern auch im Laufrucksack. Man weiß ja nie, wo man sich einmal wird abseilen müssen.

~

Irgendwas is' ja immer.

~

Steffens Wendepunkt

Da Sport ja gesund ist, bin ich vormittags weiter gelaufen. Anja war am Morgen mit den Nordic-Walking-Stöcken losgezockelt und ich eine kleine elf Kilometer Runde durch die Stadt gejoggt. Da es der 1. Mai war und somit ein Feiertag, kam Steffen etwas früher zum Biken vorbei. Normalerweise fuhren wir ja nachmittags ein paar mal die Woche weiterhin mit dem Rad. Ab und zu waren auch Detlef oder Frank mit dabei. Wir drehten also ab elf Uhr unsere Runde mit dem Rad und wurden heute von Frank begleitet. Es wurde eine etwas längere Tour von 66 Kilometern. Erst fuhren wir um die Wuppertalsperre mit ihren wunderschönen schmalen Pfaden, dann an der Wupper entlang an Dahlhausen vorbei bis hinauf nach Beyenburg. Von hier aus zur Panzertalsperre in Lennep und von dort an die Eschbachtalsperre. Dann geschah wieder solch ein Wendepunkt für einen von uns. Ich musste nach dem Überfahren der Staumauer vorne links abbiegen, Steffen war mir zu dicht aufgefahren, konnte nicht mehr bremsen und segelte über den Lenker. Er brach sich dabei das Radiusköpfchen des Ellenbogens. Natürlich hätten wir auch hier wieder einen Krankenwagen rufen können, aber Steffen ist ja ein ganzer Kerl und wollte selbst nach Hause fahren. Nach dem Motto: Nur die Harten kommen in den Garten. Danach haben wir ihn ins Krankenhaus verfrachtet und dort wurde dann auch festgestellt, dass sein Radiusköpfchen gebrochen war. Damit war das Radfahren für Steffen auch erst einmal erledigt. Als alternative Sportart entdeckte er dann das Laufen und so begann ich, mit Steffen gemeinsam zu laufen.

Zum neuen Ich

Wenn ich damals einmal keine Lust zum Joggen hatte, nahm ich mir die Nordic-Walking-Stöcke mit auf die Strecke. Der Sport mit den Stöcken ist immer eine schöne Alternative zum Joggen für mich gewesen. Die Muskulatur wird, wenn man damit so richtig Gas gibt und nicht im Flachland walkt, mehr in Anspruch genommen als beim Laufen und vor allem bekommt der Oberkörper wesentlich mehr Training als ohne diese Hilfsmittel. Anja macht dieses Nordic Walking heute noch sehr gerne und nimmt die Stöcke auch schon mal mit zu unseren Wanderungen. Gerade wenn Verletzungen das Laufen verhindern oder einschränken. Die Empfehlung mit den Stöcken gab ich auch immer an Sportsfreunde weiter, die ihren Puls senken wollten, oder, wenn jemand Rückenprobleme hatte.

Da war zum Beispiel Dirk, der eine künstliche Herzklappe sein Eigen nennt und deshalb den Puls nicht zu hoch jagen darf. Oder Jens, der einen “nichtjoggenden” Alternativsport zum Biken suchte. Nordic walken kann man bis ins hohe Alter und bleibt dabei fit. Aber das ist hier auch kein Nordic-Walking-Buch. Es geht mir um das große Ganze. Um meine Lebensveränderung. Vom “nur” arbeitenden, unsportlichen, egoistischen, aber erfolgreichen Unternehmer mit Blick auf den Profit, hin zum Täglichläufer, der zudem in der Flüchtlingshilfe tätig ist. Der, der durch seine Zielveränderung am Ende des Jahres 2004 etwas für sich und seine Gesundheit zu tun plante, sein Körpergewicht durch Sport von 160 Kilogramm halbierte, seine Ernährung an die Belastung anpasste. Der, der aus dem Hamsterrad ausstieg, wohlüberlegt, der peu à peu vom Couch-Potato zum Spaziergänger, zum Walker, zum Nordic-Walker, zum Läufer und zum Täglichläufer wurde. Täglichläufer oder wie man sie international nennt - Streakrunner. Das sind Läufer, die jeden Tag zwischen 0 Uhr und 24:00, ohne Hilfsmittel mindestens eine Meile am Stück, oder 1,61 Kilometer laufen. So einer wurde ich und ich veränderte währenddessen meine Einstellungen zum Leben total.

Das Jahr 2011

Das Jahr 2011 war für mich ein überaus sportliches Jahr und am Schluss zog ich eine sehr positive Bilanz. Ich hatte im gesamten Jahr 2011 ganze 9648 Kilometer hinter mich gebracht..

514 sportliche Aktivitäten mit einem Zeitaufwand von 1.037 Stunden, 56 Minuten und 18 Sekunden. Insgesamt waren es 9.648,16 Kilometer mit ungefähr 133.522 Metern positiver Höhendifferenz.

Im Einzelnen bestand mein Trainingsjahr aus 327 Läufen mit 5.377,52 Kilometern und ungefähr 61.305 Metern Höhendifferenz, 1.853,96 Kilometern Mountainbiken mit ungefähr 33.287 Metern Höhendifferenz, 1.139,93 Kilometern Crossbiken mit ungefähr 12.021 Metern Höhendifferenz, 850,31 Kilometern Wandern mit ungefähr 17.759 Metern Höhendifferenz, 200,38 Kilometern Nordic-Walken mit ungefähr 2.715 Metern Höhendifferenz und den vielen Spaziergängen mit unserem Hund Paul.

Als ich mir die Strecken mal auf der Landkarte angeschaut hatte, spürte ich, wie weit das war. Hätte ich mich auf einen solchen Weg gemacht, dann wäre ich beispielsweise bis nach Changchun im Nordosten Chinas gekommen. Und wenn ich nur die reinen Jogging-Kilometer gelaufen wäre, dann wäre ich im russischen Novosibirsk, nahe der Mongolei, gelandet.

Ich saß vor meinem Computer, schaute mir diese Strecken an und dachte so für mich:

Das fahren viele im Jahr nicht mal mit ihrem Auto zusammen.

Und zu diesem Zeitpunkt war mir immer noch nicht klar, dass das hier nicht das Ende ist.

~

Wer mit laufen anfängt, sollte an tanzen denken, nicht an laufen.

~

Der Sozialtrottel

Nun war ich gedanklich in Changchun und wusste mal wieder nichts mit mir anzufangen. Was sollte ich mir für ein neues Ziel setzen? Manche sprachen von der Erdumrundung als Ziel, andere rieten mir, erst mal einfach wieder nach Hause zu Laufwanderradeln. Doch bevor ich nichts machte, machte ich mich nach einem Tag Pause erstmal wieder auf den Weg. Wenn es denn sein muss, einfach nochmal die gleiche Strecke “zurück”.

Am 12. Januar schrieb ich in meinen Internet-Blog.

“Ich gebe es zu – Meinereiner ist ein egoistischer Sozialtrottel. Mir sind die anderen Leute so ziemlich egal und das schon seit dem ich mich erinnern kann. Mir ist das bewusst und ich habe auch irgendwann mal aufgehört mich gegen diese Grundeinstellung zu wehren. Ob das nun negativ ist oder positiv – keine Ahnung – es ist so.”

Ich war auch erst elf Tage in Folge unterwegs, wusste noch nicht, dass ich jetzt Täglichläufer bin, und meine Einstellung zum Leben und der Welt war noch ziemlich daneben. Aber ich fing schon an, mir Gedanken über meine soziale Kompetenz zu machen. Sie können es glauben oder nicht. Ob jetzt Hape Kerkeling der ausschlaggebende Punkt war, denn ich hörte in diesen Tagen unterwegs erstmalig sein Hörbuch “Ich bin dann mal weg”, oder ob es einfach an der Zeit war für die Veränderung meiner Geisteshaltung. Keine Ahnung. Ich will damit nicht sagen, dass jemand, der nicht täglich läuft, oder alle anderen Menschen nicht auch ohne den Sport eine andere Sicht auf die Welt und unser Miteinander bekommen können, aber bei mir war es genau so richtig.

Ich bin ein Streakrunner

Am 23. Februar 2012, ganze 53 Tage nach dem Start meines Streak, redete und schrieb ich erstmals davon ein "Täglichläufer" zu sein. Ich bin nicht so einer, der etwas herausposaunt, bevor er es nicht zumindest mal versucht hat, in die Tat umzusetzen.

Auf jeden Fall habe ich damals durch mein Bekenntnis zum Täglichlaufen oder Streakrunning etwas in mir losgetreten, was ich vorher noch nicht kannte. Ich gehörte von nun an zu einer eher seltenen Spezies von Menschen, von Sportlern, von Läufern, die sich auf eher ungewöhnliche Weise mit ihrem Sport auseinandersetzen. Seither stehe ich jeden Morgen um 5:30 Uhr auf, lese kurz die Nachrichten der vergangenen Nacht, ziehe mir dann die Laufschuhe an und laufe um 6:15 Uhr los. Jeden Morgen. Auch an Weihnachten, an Neujahr oder an Anjas Geburtstag. Es ist eine Routine entstanden, die mir für den folgenden Tag etwas gibt, was mir bisher nichts im Leben geben konnte. Egal ob mir der Lauf dann Freude bereitet oder nicht, nachher habe ich es immer gemacht und gemacht ist gemacht. Wenn man, so wie ich, den täglichen Lauf über längere Distanzen absolviert, dann muss man sich unweigerlich auf Dauer mit irgendetwas beschäftigen, während man da so vor sich hin läuft. Sonst wird das doch recht langweilig.

Wenn ich von jemandem begleitet werde, ist das ja kein Problem, weil man sich immer etwas zu erzählen hat. Für die übrige Zeit weiche ich dann aber auf Musik, ein Hörbuch oder den ein oder anderen Podcast aus oder ich hörte den Stimmen der Vögel zu.

Ich hatte schon erwähnt, dass ich zur Anfangszeit meines Täglichlaufens das Buch von Hape Kerkeling "Ich bin dann mal weg" angehört hatte und ich habe es mir in der Zwischenzeit noch einmal angehört. Mittlerweile bin ich mir sicher, dass dieses Erlebnis der Wanderung auf dem Camino von Hape Kerkeling auch ein Grund war, mich selbst besser zu reflektieren und auf der Suche nach mir selbst zu laufen. Und ich habe mich letzten Endes auch tatsächlich gefunden.

~

Du musst die Endorphine auch wirken lassen.

~

1.000 Kilometer vom Wadentier

Im Jahr 2012 lief ich viel mit meinem Kollegen Steffen. Dazu kam auch Carsten, fast ein Nachbar, der damals in der Straße 'In den Birgden' wohnte und den wir durch unsere Hunderunden mit unserem Paul kennengelernt haben. Wir sind öfters mit ihm, seiner Frau und deren Hündin Cindy spazieren gegangen. Ja und dann war auch ab und zu Ina mal dabei. Ina haben wir über ihre Mutter kennengelernt, weil sie viel in meinem Internet-Blog gelesen hatte.

Am 26. Februar 2012 hatte ich schon die ersten 1.000 Kilometer im Jahr gelaufen und war für die Begleitung meiner Lauffreunde sehr dankbar. Ich bin auch heute immer noch sehr dankbar, wenn mich jemand bei meinem Morgenlauf begleitet. Das wertet den Lauf ungemein auf. Man lernt den anderen etwas kennen, man erzählt sich etwas und das alles abseits von Wettbewerb und Zeitmessung. Aber es waren meine ersten 1.000 Kilometer im Täglichlaufen. So etwas hatte ich noch nie ohne einen Tag Pause gemacht.

Wer 1.000 Kilometer in täglichen Etappen läuft, ohne einen Tag Pause, der hat auch Bedarf an Sportkleidung. Deshalb begann Anja, mich vernünftig einzukleiden. Gute Laufschuhe hatte ich schon seit Jahren, aber bei dieser besonderen

Belastung spürt man genau, was noch hilfreich sein kann. Zum Beispiel Kompressionsstrümpfe. Nicht diese Kompressionsstrümpfe gegen Krampfadern, sondern solche für Läufer. Die sorgen nämlich dafür, dass die Blutrückführung aus den Beinen rückwärts zur Lunge und dem Herzen etwas unterstützt wird. Gerade bei längeren Läufen fühlte ich mich damit sehr wohl. Vielleicht glaube ich auch nur an dieses Ergebnis, aber wenn's mir doch hilft. Wenn mich jemand fragt, ob diese Teile mir wirklich einen Vorteil bringen, dann antworte ich: "Ach ich trage die nur, weil ich so hammermäßige Waden habe und die ohne diese Strümpfe sonst immer aneinanderklatschen würden". Ich bin ein Wadentier.

Es stimmte alles

Im Frühjahr 2012 spürte ich zusehends, dass mich der tägliche Sport von dem Druck meiner selbstständigen Arbeit ablenkte und mir half, manche beruflichen Probleme anders zu betrachten, unwichtige Dinge auszublenden und nur Weniges persönlich zu nehmen. Die Dinge geschehen. Mal sind es die guten, mal die weniger guten Dinge. Einfach so. Ich kann sie nur etwas in die eine oder andere Richtung ablenken, aber meist nicht gänzlich verhindern oder erzeugen.

Zu dieser Zeit lief ich etwas über 600 Kilometer im Monat. Drei Tage in der Woche war Steffen dabei und zusätzlich mein technisches Zeugs. Eine GPS-Laufuhr mit Brustgurt zur Herzfrequenzmessung und ein iPhone mit einer Fitness-App. Diese Fitness-App hatte ein kleines Extra und zwar konnte man meinen Lauf dort live verfolgen und mir bestimmte Töne auf mein Smartphone senden. Das waren entweder ein "Jubeln" oder "Klatschen" oder "Go Go Go" und so weiter. Total witzig, wenn ich mit Steffen oder alleine durch die Stadt lief und aus unseren Smartphones laut schallend dieses "Go Go Go" herausplärrte. Wenn wir etwa an der Bushaltestelle vorbeiliefen und die auf den Bus wartenden Menschen mit ihren langen Gesichtern von unseren Handys geweckt wurden. Sie dürfen sich das vorstellen, wie Sie im Regen an einer Bushaltestelle auf den Bus warten und dort zwei triefnasse Läufer an Ihnen vorbeilaufen, aus deren Jackentasche ein lautes "Go Go Go" mit anschließendem Beifall herausschreit. Die mussten uns für total bescheuert gehalten haben.

Interessant war auch, dass man mir immer davon abriet, bei Regen oder Kälte zu laufen. "Davon wird man krank." Mit der Zeit entdeckte ich, dass das Gegenteil der Fall ist. Ich wurde so gut wie gar nicht krank und wenn doch, dann war es ruckzuck überstanden und setzte sich gar nicht erst richtig fest.

Das hätte ich früher wissen müssen, als ich noch in meinem ersten Beruf als Werkzeugmacher arbeitete oder später in meinem zweiten Beruf als Vermögensberater. Dann wäre ich vielleicht gar nicht so bewegungsfaul und dick geworden und letzten Endes auch nicht ständig erkältet. Doch es gab dafür in meinem Umfeld keine Vorbilder oder jemanden, der mich hätte motivieren können. Als ich Anfang der 90er Jahre umschulte und mit meiner Praxis für Vermögensberatung began, war alles nur auf geschäftlichen Erfolg ausgerichtet. Das Motto war ab 1991 durchweg: "Träume nicht dein Leben, sondern lebe deinen Traum."

Und dabei merkt man gar nicht, wie sehr man sich in diese Erfolgsstory verliebt und wie satt beruflicher Erfolg machen kann. Ich behaupte jetzt nicht, dass es nicht gut ist oder man das nicht machen sollte, aber ich wurde damals, Ende der 80er Jahre, mit der Begründung in die Finanzbranche "gelockt", dass man früher aufhören könne zu arbeiten und man vorher seine Zeit recht frei einteilen dürfe. Es stimmte alles, was man mir erzählt hatte. Und so machte ich mich daran, meine Zeit frei einzuteilen und setzte mir das Ziel, früher aufzuhören mit der Arbeit.

Laufen und Laufen und Radeln

Eigentlich wollte ich zusätzlich nachmittags noch ab und an eine Runde mit dem Mountainbike drehen, was aber mangels Partnern ausfallen musste. Alleine durch den Busch zu düsen, war mir zu gefährlich. Wenn da unterwegs mal was passieren sollte, dann läge man alleine im Wald und könnte die Käfer und Ameisen beobachten, wenn sie einem in die Ohren kriechen. Ich finde es schon ratsam, zu zweit zu fahren. So lief ich eine Zeit sogar zweimal am Tag. Morgens mit dem Steffen oder alleine einen sechzehn Kilometer Lauf und am Nachmittag noch einen zehn Kilometer Lauf zusätzlich.

In dieser Zeit und auch später bekam ich durch meine Fitness-App und über Facebook immer mehr Kontakt zu anderen Läufern. Diese Läufer sprachen und schrieben nur über's Laufen, über Zeiten, Wettbewerbe oder welche Laufzeitschrift sie als nächste kaufen und lesen werden, um schnellere und bessere Läufer zu werden. Meine Antwort darauf war immer nur: “Laufen lernt man am Besten beim Laufen.” Und dieser Meinung bin ich heute noch.

So lief ich also weiter. Mit Steffen und ohne ihn. Zusätzlich kam nach der Winterpause auch das Radfahren wieder dazu. Als Ausgleich quasi. Meine erste Runde zum Aufwärmen führte mich mit dem Crossbike von Wermelskirchen nach Köln zum Dom. Als ich in Köln ankam, wurde dort gerade eine Folge der RTL-Fernsehserie "Alarm für Cobra 11" gedreht. Ich schaute mir das einen Moment an und fuhr dann weiter. So war ich wieder beim Fahrradfahren angekommen. Das gefiel mir sehr, so dass ich ein paar Tage später direkt auch das Mountainbike aus dem Stall holte. Eine Runde zur Wuppertalsperre, einmal herum und wieder nach Hause. Klasse, aber danach war ich auch erst einmal satt und zufrieden.

~

Wenn der Geist sich was einbilden kann, dann können die Beine das auch.

~

1.500 Kilometer gelaufen

Ende März 2012 probierte ich mal wieder was aus und machte mich laufend auf den Weg von Wermelskirchen nach Bergisch-Born, dann nach Hückeswagen, an der Bevertalsperre vorbei nach Radevormwald zum Schwiegervater. Steffen hatte wegen einer Verletzung unseren gemeinsamen Lauf abgesagt und Anja war an diesem Tag ohnehin bei ihrem Vater. Sie fuhr also am Morgen mit Paul nach Radevormwald und ich lief mit Umwegen hinter den beiden her. Wissend, dass ich in Hückeswagen auf der Fahrradtrasse einen langen Tunnel durchlaufen muss, hatte ich eine kleine Taschenlampe im Trinkrucksack. Kurz vor dem Tunnel überholte mich ein älterer Herr mit dem Fahrrad und grüßte mich freundlich. Als ich dann so in den Tunnel einlaufe, schalte ich das Licht an und laufe in die Dunkelheit. Etwa in der Mitte der Röhre höre ich ein Kratzen und Schrabben und das Schreien des Radfahrers, der gerade vor mir in den Tunnel gefahren war. Ich lief im Licht meiner kleinen Taschenlampe zu der Stelle, an der er versucht hatte, sich durch die Tunnelwand zu bohren, und bot ihm meine Hilfe an. Ich richtete ihn kurz auf und er war der Meinung, dass alles OK sei. Meine Herren, da denkste an nichts Böses und da will so ein Radfahrer einfach im Tunnel die falsche Ausfahrt nehmen. Zum Glück ist ihm außer ein paar Schrammen nichts passiert. Ich lief also weiter in Richtung Schwiegervater. Kurz vor Hückeswagen sprach mich ein anderer Radfahrer an, ob ich derselbe Typ sei, den er eben noch in Wermelskirchen habe laufen sehen. Und als ich ihm das grinsend bejahte, wollte er noch wissen, wie weit ich denn nun noch hier durch diese BERGE laufen wolle. Dazu konnte ich ihm nichts Genaues sagen, denn ich wusste ja selbst nicht genau wie weit die Strecke noch so war. Also antwortete ich ihm: So 30 bis 50 km insgesamt, was ihm ein „Oh – Huch – Viel Spaß dann noch" entlockte. Dann fuhr er dahin mit seinem Elektro-Bike. Tja und dann erreichte ich Hückeswagen, wo ich eine Entscheidung treffen musste, ob ich nun links an der Bevertalsperre vorbei oder rechts an der Bevertalsperre vorbei nach Radevormwald laufen sollte. Ich entschied mich für rechts. Das bedeutete knackige Anstiege und das machte mir ja besonders viel Spaß. Mehr als runter. Als ich beim Schwiegervater ankam, waren es dann 30 Kilometer mit 550 Höhenmetern Anstieg. Mittlerweile hatte ich schon die Schwelle von über 1.500 Kilometern mit meinem Täglichlaufen überschritten. Ich konnte zum damaligen Zeitpunkt noch gar nicht verstehen, auf was ich mich mit diesem, meinem Sport eingelassen hatte. Wo es hinführen sollte.

Wermelskirchen - Köln - Marathon

Für den in ein paar Tagen stattfindenden 1. April 2012 planten Steffen und ich etwas Besonderes in unserer Läuferkarriere. Keinen Aprilscherz, sondern etwas ganz Reales. Dazu mussten aber noch einige kleine Vorbereitungen getroffen werden. Eine davon war, eine Route für einen schönen Lauf auszubaldowern. Nicht einfach geradeaus. Das kann doch jeder. Nein, es sollte unterwegs schon viel zu sehen sein. So machte ich mich nach meinem Morgenlauf mit dem Fahrrad auf den Weg zum Kölner Dom. Dann, einen Tag vor dem 1. April, liefen Steffen und ich nur einen kurzen Zwölf Kilometer Lauf zum Stadion Remscheid-Reinshagen und drinnen einige Runden. Wir brauchten ja die Kraft für den Folgetag.

Nach einer recht nervösen Nacht war er dann da. Der 1. April 2012. Mit dem Gedanken hatte ich schön öfter gespielt, aber nie den richtigen Zeitpunkt dafür gefunden. Jetzt war er da. Folgende Zeilen schrieb ich damals in meinen Blog:

Der erste Wermelskirchen - Köln - Marathon.

Seit vielen Jahren überlegte sich der Veranstalter (ich), diese Laufveranstaltung zu planen. Er überlegte sich, aus dem entfernten Wermelskirchen im Bergischen Land bis zum Kölner Dom zu laufen. Wir schreiben das Jahr 2012 und es ist endlich soweit. Eine Laufveranstaltung, von der die Läuferszene schon lange geträumt hatte, durchgeplant bis ins kleinste Detail. Auch wir warteten schon sehnsüchtig auf den Tag, an dem dieser Lauf erstmalig ausgetragen werden sollte – heute war es dann soweit. Ich wollte es schon, seitdem ich laufe, und Steffen wollte schon im letzten Jahr zum Eis essen nach Köln laufen, hatte aber terminlich zu viel um die Ohren, so dass wir dieses Vorhaben auf heute verschieben mussten.

Unser Team bestand aus:

Startunterstützung: Anja Balschuweit

Läuferteam: Steffen Eutin und Lutz Balschuweit

Team im Ziel: Katrin Eutin und Anja Balschuweit

Den gestrigen Abend verbrachten wir damit, unsere Laufbekleidung zusammenzustellen. Trinkrucksack, die Garmin-Uhr und Routingsystem wie iPhone mit der Software für die Liveübertragung vorbereiten. Fotoapparat und natürlich Hose, Schuhe, Jacke, Leuchtweste und die Stirnleuchte, denn der Start ist in der Dunkelheit für 6:15 Uhr angesagt. Bei mir war die Nacht bereits um 4:00 Uhr beendet. Ich war so nervös, weil es ja meine erste offizielle Veranstaltung war, so mit Urkunde und Medaille. (Ist natürlich keine offizielle Laufveranstaltung, 1. April und so). Als ich dann auf das Außenthermometer schaute standen dort nur -1 Grad Celsius, also mal schlappe 7 Grad kälter als die letzten Tage um diese Zeit. Es war also lange Hose angesagt. Das Rennen kann beginnen: Ab 5:30 Uhr liefen die Startvorbereitungen auf Hochtouren und um kurz nach 6:00 Uhr standen wir Läufer in den Startblöcken. Wir stellen unsere GPS-Uhren an, schauten, ob die Route drauf war, dann noch ein Foto, bevor die Körper der Athleten sich der bevorstehenden Belastung stellen mussten. So und dann sind wir 43,54 km gelaufen, gelaufen, gelaufen und gelaufen. Unser erster gemeinsamer so langer Lauf. Wir liefen erst nach Burscheid an der B51 entlang und weiter bis nach Leverkusen. Dort dann am Schloss Morsbroich vorbei, durch die Wiesdorfer-City, über die Auto-bahnbrücke der A1 auf die andere Rheinseite. Von Merkenich nach Köln-Niehl an den Ford-Werken vorbei; hier lief uns dann eine ganze Schafherde über den Weg und wir liefen mittendrin nach Nippes, am Rhein entlang bis zum Dom. Hier über die Hohenzollernbrücke und eine Runde durch den Rheinpark bis zur Zoobrücke und wieder zum Dom. Jetzt noch eine Runde um das Kirchenbauwerk und fertig war der erste Wermelskirchen-Köln-Marathon. Wir wurden von den Kölnern angeschaut wie Außerirdische in unserer Verkleidung mit Leuchtweste, Trinkrucksack, Stirnleuchte usw. Das Wetter war einsame Spitze für diesen Lauf. Wenn Engel reisen... Das Feeling war so gut – besser konnte es nicht sein. Nach dem Lauf bekamen wir noch jeder eine Medaille und eine Urkunde, wie es sich gehört. Und ein leckeres Eis. Dann haben wir uns in den Toiletten des Hyatt-Hotels umgezogen und sind mit unseren Fans, Katrin und Anja, in Köln durch die Innenstadt gezockelt, denn dort war an diesem Tag verkaufsoffener Sonntag in Verbindung mit der Veranstaltung Sportstadt-Köln. Wie passend.

Gewohnheit nach drei Monaten

Leichter Muskelkater machte sich während meines darauffolgenden Morgenlaufs bemerkbar. Der 1. April 2012 war also kein Aprilscherz. Den morgendlichen Sechzehn Kilometer Lauf konnte ich aushalten. Im Nachhinein muss ich sagen, dass wir als Team für lange Läufe echt gut zusammenspielten. Es hat alles genau so funktioniert, wie wir es auch geplant hatten. Ich war mittlerweile seit drei Monaten Täglichläufer und hatte zu diesem Zeitpunkt 1807 Kilometer auf meinem Täglichläuferkonto. Irgendwie war dieses regelmäßige morgendliche Aufstehen, die Laufschuhe anziehen und rausstürmen so normal geworden, dass ich schon gar nicht mehr darüber nachgedacht hatte. Überall hörte ich davon, dass sowas nach einer gewissen Zeit zur Gewohnheit werde, aber irgendwie wollte ich doch nicht glauben, dass es auch bei mir so sein würde. Für meine beruflichen Dinge hatte ich zwischen meinem Sport ausreichend Zeit und mein Ziel war es ja ohnehin, die Arbeitszeit zu reduzieren. Mehr und mehr wurde per Email oder mit einem Telefonat auf dem Handy erledigt. Anfangs befürchtete ich Schwierigkeiten, aber es zeigten sich kaum Probleme. Es ist schon interessant, wieviel Zeit man einsparen kann, wenn man sich mit diesem Thema befasst und sich nicht von seinen Gefühlen leiten lässt. Ich arbeitete nach Wichtigkeit ab, nicht nach Eingang der Aufträge. Und wenn sie gleich wichtig waren, dann nach Eingang. Durchatmen war eine meiner wichtigsten Tätigkeiten. Es hatte sich in nur vier Monaten schon viel in meinem Leben verändert. Etwas sehr Beständiges war in mein Leben eingetreten. Der Frühsport. Der führte dazu, eine Nulllinie, eine tägliche Erdung zu haben. Erfolg war nicht mehr das ungestörte Abheben und Verlust nicht mehr der ungebremste Fall. Der Alltag bekam ein Segel, welches mich in beiden Richtungen auf Kurs hielt. Das tägliche Laufen war und ist meine Lösung. Anfang April 2012 war also ein tolles Event und Ende April folgte schon das nächste.

~

Die haben doch nicht mehr alle Zatten am Laun.

~

Eröffnung der Balkantrasse

Am 22. April des Jahres wurde die Balkantrasse eröffnet. Die Balkantrasse ist ein gemischter Rad- und Fußgängerweg von Leverkusen bis nach Remscheid-Lennep. Vor vielen Jahren war diese Balkantrasse noch ein Schienenstrang für die damalige Zugverbindung zwischen den genannten Städten. Doch seit den 1990er Jahren wurde sie stillgelegt und lag brach. Die Umgestaltung zu einem Rad- und Fußweg brachten unserer Gegend einen erheblichen Aufschwung, was touristisches und sportliches Radfahren und Laufsport angeht. So wuchs in mir mal wieder ein Plan. Und weil ich nicht alleine planen wollte, war mein Freund Steffen auch wieder mit am Start. Dieser neu zu eröffnende Teil der Balkantrasse ist von Remscheid-Lennep bis Burscheid-Kuckenberg 21,4 km lang und somit die Halbmarathon-Distanz. Wenn man sie also einmal hin und zurück läuft, hat man nach Adam Riese die Marathon-Distanz. Erst mal bergab und dann bergan. Nett zu laufen.

Eine Bank stiftet Bänke.

Zudem gab es noch etwas als Anreiz, um die Strecke zu absolvieren. Ein Bankhaus stiftete Sitzbänke zum Verweilen und Pausieren am neuen Weg. Dazu wurde Geld gespendet und zwar gab dieses Bankhaus in jeder der drei Städte Remscheid, Wermelskirchen, Burscheid und an bestimmten Punkten Stempelhefte aus. Außerdem richtete das Bankhaus an mehreren Stellen auf der Balkantrasse Kontrollstellen zum Abstempeln dieser Hefte ein. Für jeden Stempel zahlten sie dann 2,50€ in die Spendenkasse, um später die Bänke der Bank damit zu finanzieren. Wir liefen also Geld in die Kasse. Meine Idee war, an dem

Tag so viele Stempel wie möglich zu erlaufen, und dazu habe ich mich mit Steffen abgesprochen, mal wieder einen Marathon gemeinsam zu absolvieren. Der letzte war ja immerhin schon zwei Wochen her. Der Plan vom Balkantrassen-Marathon war dann folgender:

Start/Ziel in Wermelskirchen und dann erst runter nach Burscheid-Kuckenberg. Dort umdrehen und den Berg hinauf bis nach Remscheid-Lennep. Hier wiederum wenden und zurück nach Wermelskirchen ins Ziel. Zack, fertig. So wollten wir das machen und zusätzlich hatten wir uns überlegt, noch weitere Läufer aus unserem näheren Umfeld für diesen Lauf einzuladen. Anfangen sollte das Ganze am 22. April um 10 oder 11 Uhr. Es meldeten sich weitere Läufer, auch wenn es nur für Teilstücke war. Wegen der Eröffnungsfeierlichkeiten sollte es sicher ein reges Treiben auf der Balkantrasse geben.

Nun kam der Tag der Trasseneröffnung und wir spielten den Balkanexpress, den alten Zug, der zwischen Lennep und Leverkusen fuhr. Marco auf dem Rad voraus – Steffen, Carsten, Jens, Ina, Frank und ich laufend hinterher auf Marathon-Distanz. Erst von Wermelskirchen nach Kuckenberg. Hier dreht der “Balkanexpress” und läuft in die andere Richtung den Berg hinauf bis nach Wermelskirchen zurück, um hier noch einige “Wagons” anzuhängen. “Wagons” bestehend aus

Mone, Frank, Arndt, sowie Claudia und Holger, welche die drei mitbrachten. Jetzt fährt der lange “Balkanexpress” weiter bergauf bis nach Lennep, um dort wieder kehrtzumachen nach Wermelskirchen in seinen Zielbahnhof zurück.

Leider sind nur Steffen und ich nach den ganzen 45 km ins Ziel gelaufen (und Marco gefahren). Es war ein sehr schöner Tag damals, obwohl uns tatsächlich auf den letzten Kilometern noch ein starker Hagelschauer erwischte. Für die Aktion mit der Spende für Sitzbänke an der Strecke haben wir somit 130 Euro in die Spendenkasse erlaufen. Das erste Mal ein Spendenlauf für eine nicht eigennützige Sache. Auf so eine Idee wäre ich vorher nie gekommen. Sport macht es möglich. Sport macht noch viel mehr möglich, wie sich in den folgenden Jahren zeigen sollte.

Normalerweise wäre ja nach einem Marathon erst mal wieder ein wenig Pause angeraten. Doch für Täglichläufer steht das nun mal nicht auf dem Programm. OK, es hätte nur eine Meile sein müssen, aber wer mich kennt…

Hin zur positiven Lebenseinstellung

Zusätzlich zum Laufen und Radfahren sind wir dann auch mehr und mehr längere Strecken gewandert. Anfangs ein paar mal die Woche mit Strecken so um die 10 Kilometer. Beim Wandern braucht man Zeit und meine berufliche Reduzierung kam mir stark entgegen. In unserer Gegend sind viele Wege offiziell als sogenannte Pilgerwege mit dem Zeichen der Muschel ausgezeichnet. Am Rande dieser Wege findet man zu jeder Jahreszeit viele schöne Dinge. Ob sie von der Fauna, der Flora oder vom Menschen hinterlassen wurden. Der ein oder andere Wanderer hinterlässt Sprüche wie "Und jedem Anfang wohnt ein Zauber inne." Oder "Wenn du es eilig hast, geh langsam." Merkwürdigerweise passten diese Sprüche immer zu meiner Situation. Ruhiger werden, mich auf das Wesentliche konzentrieren, im Leben die ruhigen, ausgewogenen und richtigen Entscheidungen zu treffen. Ich ließ mich nicht mehr so hetzen. Es war schon ein komisches Gefühl, einem Anrufer am Telefon einen Termin erst in der nächsten Woche in meinem Büro zu geben, statt noch am gleichen Abend dort vorbeizufahren und bis tief in die Nacht zu diskutieren. Die Vorbereitung brachte gute Argumente und machte alles einfacher. So hatte ich durch meinen Frühsport einen Ausgleich, um mich abzureagieren, den Mittelpunkt zu finden, und durch die Wanderungen konnte ich meine Sinne schärfen. So musste ich mir zugestehen, dass ich in der Vergangenheit doch sehr vieles falsch gemacht hatte. Heute sage ich, dass wir alle irgendwann in einem Loch in der Erde bei den Würmern liegen werden und bis dahin müssen wir etwas richtig Gutes aus unserem Leben gemacht haben. Wann dieser Zeitpunkt genau gekommen sein wird, wissen wir nicht. Für jeden bedeutet dieses "was richtig Gutes aus dem Leben zu machen" etwas anderes. Aber es bedeutet auf keinen Fall, sich über jeden kleinen Scheiß aufzuregen und sich damit selbst zu behindern und sich das Leben schwer zu machen. So lernte ich auch mehr und mehr, positiv zu denken. Zum Beispiel lernte ich, viel besser damit umzugehen, dass es hin und wieder mal nicht so toll ist mit dem Laufen. Macht nichts. Beim nächsten mal wird es wieder besser.

Was ich kann und was ich nicht kann

Zwischenzeitlich gab es auf meinem Weg auch mal den einen oder anderen Versuch als Lauftrainer zu fungieren. Das mag anmaßend klingen, ist jedoch naheliegend. Ich laufe halt jeden Tag. Und wer mit dem Laufsport beginnen möchte, benötigt Informationen, wie man am leichtesten damit anfangen kann. Ich erwähnte schon den Rallyefahrer Rudi, dann gab es noch Kathrin, die für den Aufnahmetest zur Polizei trainieren wollte. Mit ihr fing ich ganz langsam an zu laufen und eigentlich musste ich ihr nur die Angst vor dem Anfang nehmen. Dann lief sie von ganz alleine. Aufnahmetest bestanden. Sie macht heute also in Polizei. Das wars eigentlich schon mit meinem kurzen Ausflug in die Lauftrainerwelt. Nun - nicht so ganz, denn es gab in den Jahren viele Laufanfänger oder Gelegenheitsläufer, die ich motivieren konnte oder denen ich bestimmte Techniken beibrachte. Das machen vermutlich alle Läufer, wenn sie auf einen Einsteiger treffen. Auch Steffen wurde immer fitter. Wir machten weiterhin gemeinsam viele lange Läufe und auch Mountainbiketouren und fanden dabei immer wieder neue Routen kreuz und quer durch die bergischen Wälder. Beim Biken konnte mir Steffen was vormachen. Das war genau sein Ding. Für mich war es ein Ausgleich zum Laufen und ich fuhr ab und zu hinterher. Natürlich nur, weil ich den Weg nicht kannte. Eigentlich habe ich ja gar kein Talent zum Sport. Als Kind und Jugendlicher spielte ich mittelmäßig Fußball im Sportverein 09 Wermelskirchen, dann folgten bewegungslose Jahrzehnte bis ich den Weg zum Laufen und Radeln fand. Ja klar kann ich Radeln, aber wenn es so richtig bergab geht, also downhill, dann habe ich Angst, dass es mich zerbröselt. Das bremst mich total aus. Und so kann mich jede Fahrradtruppe als Bremser mitnehmen. Doch auch beim Laufen bin ich kein Spitzensportler. Ich bin langsam. Eine Geschwindigkeit unter 5 min/km kann ich mit meinem Restkörper gar nicht auf die

Straße bringen. Besser kann ich so knapp unter 6 min/km oder knapp darüber. Dafür aber jeden Tag und im Schnitt etwas über Halbmarathon pro Tag.

Dieses Täglichlaufen hat mir also genau gezeigt was ich kann.

~

Gemacht ist gemacht.

~

Laufen mit Paul

Im Juni 2012 waren wir mit unserem Hund Paul mal wieder beim Tierarzt. Der stellte fest, dass Paul etwas zu viel auf den Rippen habe. Sonst wäre alles ok mit ihm, aber die Empfehlung war, dem Hund etwa 15% weniger Futter zu geben. Alter Verwalter. Wir sind doch keine Tierquäler. Dem Hund mal eben 15% weniger Futter geben? Nicht mit mir. Der Hund braucht mehr Bewegung. Und so entschied ich kurzerhand, ihn bei meinen morgendlichen Läufen mitzunehmen. Wenn Steffen dabei war, lief Paul sehr gut mit. Mit mir alleine hätte es besser laufen können, hätte er besser laufen können. Die Läufe mit Paul brachten mich aber auch dazu, noch aufmerksamer zu sein. Es war also nicht möglich, einfach so drauflos zu rennen.

Der Hund macht ja hier und da mal was ganz anderes und wenn man das nicht mitbekommt, dann isser weg. Ich musste Paul hin und wieder auch zum Mitlaufen motivieren und dazu trug ich einen “Patronengurt”. Eigentlich war es ein Trinkgurt, in den ich anstatt der Trinkfläschchen Tannenzapfen einsteckte. In jede der vier Halterungen steckte ich zwei Tannenzapfen. Paul spielt für sein Leben gerne mit Tannenzapfen und so kam er immer bei Fuß, wenn ich einen der Tannenzapfen aus dem “Halfter” zog. Um Himmelswillen, wenn uns dabei jemand gesehen hätte. Bitte erzählen Sie es nicht herum. Das machten wir eine ganze Weile so, bis ich spürte, dass es Paul irgendwie nicht so recht Spaß machte, diese weiten Distanzen zu laufen. Er ist eben eher ein Sprinter. Ich ließ keinen Versuch aus, meinem Hund zu erklären, welche Wahl er hat. Hier ein Beispiel vom 4. Juli 2012:

“Mein lieber Paul... wir müssen uns mal darüber unterhalten, wie das mit uns weitergeht mit dem Laufen. Du erinnerst Dich bestimmt schon nicht mehr daran, aber der Tierarzt hat Dir vor Wochen weniger Futter verordnet und wir haben Dich deshalb in unser Trainingsprogramm aufgenommen. Weniger Futter – wo gibt's denn sowas. Du bist doch ein Hund und Hunde bewegen sich gerne, laufen rasant durch die Wälder und spielen mit Bällen oder Tannenzapfen. Das machst Du doch auch gerne oder? Mein lieber Paul – warum machst Du dann morgens so ein Drama daraus, wenn wir zum Laufen aufbrechen? Warum bleibst Du stehen und verweigerst Deine Bewegung? Laufen ist gut für Dich und Du bist so auch den ganzen Tag viel ausgeglichener und ruhiger als sonst. Ich könnte es verstehen, wenn Du nach 10 km anfangen würdest zu streiken. Doch Du willst gar nicht erst los und je länger unser Lauf andauert, desto aktiver und munterer wirst Du. Zum Schluss willst Du meist gar nicht aufhören, wenn ich schon müde werde. Mein lieber Paul, ich mache Dir jetzt einen Vorschlag. Du musst nicht mehr jeden Tag mit zum Laufen, aber wenn ich durch den Wald renne, begleitest Du mich weiterhin – OK? Das wird also bestimmt so jeden zweiten Tag sein – vielleicht auch mehr. Ich kann auch nachvollziehen, wenn Du nicht gerne auf der Balkantrasse läufst, aber musst Du mich dann gleich so ärgern wie heute morgen? Rechts ins Gebüsch – links ins Gebüsch – hier eine Tote Maus anknabbern – da schnüffeln bis ich schon mehrere Hundert Meter voraus war? Sogar der Blickkontakt ist mehrmals abgerissen und das nur, weil Du Dich so dusselig anstellst. So gar nicht wie ein Hund… Mein lieber Paul Du hast doch auch die anderen armen Geschöpfe Tag für Tag gesehen, die nur mal kurz zum Geschäft machen ein paar Schritte vor die Tür machen dürfen. Sonst sitzen sie in der Wohnung, meist alleine und warten auf ihre Herrchen. Du, mein lieber Paul, hast ein gutes Leben, so finde ich.

Wir kümmern uns um Dich und nehmen Dich immer mit auf unseren Streifzügen durch die Natur. Morgen kannst Du beim Laufen erst mal zu Hause bleiben, ausschlafen und ich drehe mit Steffen alleine unsere Runde. Dann gehen wir danach zusammen nach Radevormwald wandern. OK? Lieber kleiner Hund – meinst Du nicht auch, dass wir uns auf mehr gute Zusammenarbeit einigen sollten? Mich würde es sehr freuen, denn Du bist uns doch sehr wichtig."

Es war einen Versuch wert, doch Paul entschied sich, eher mit Anja zum Walken zu gehen. Etwas kürzer und als Begleiter der Frau des Hauses. So soll es sein. Das war dann das Ende für das Laufen mit Paul und mir.

Testlauf Marienheide

Im Juli 2012 stand wieder ein neuer Test auf dem Lauf- und Radprogramm. Marienheide war das Ziel. In Marienheide ist das Ende der Trasse, dem neuen Fuß- und Radweg, der in Remscheid-Bergisch-Born abzweigt und über Hückeswagen und Wipperfürth bis nach Marienheide führt. Für die Langstrecke und meinen Lauf Nummer 218 in den 203 Tagen im laufenden Jahr mit bisher 4.076 Kilometern war natürlich wieder Steffen mit am Start. Wir fuhren mit dem Auto und unseren

Mountainbikes im Kofferraum nach Marienheide, stellten das Auto dort auf einem Parkplatz ab und fuhren mit den Mountainbikes wieder nach Hause. Am nächsten Morgen sind wir dann, wie immer, um 6:15 Uhr gestartet. 33 Kilometer nach Marienheide, schon, um das dort geparkte Auto wieder zurückzuholen. Wir liefen erst rauf nach Bergisch-Born und dann auf dem Weg bis Hückeswagen auch durch den Höhsieper Fledermaus-Tunnel. Der Tunnel, in dem seinerzeit der Radfahrer vor die Wand gefahren war. Dann weiter nach Wipperfürth, wo wir eine Runde über das Flugfeld des Segelflughafens drehten. Es war ja immer noch früh am Tag und weit und breit kein Flugzeug in Sichtweite. Nach der Flugplatzrunde ging es dann weiter bis nach Marienheide. Immer über die Fußgänger- und Radtrasse, die sich immer mehr mit Radfahrern füllte. Als wir um 9:30 Uhr in Marienheide ankamen und uns im Eiscafé umziehen wollten, saßen dort schon unsere Frauen und erwarteten uns. Ich lachte und dachte mir so: Na die machen es sich hübsch einfach.

Auch dieser Lauf war wieder eine tolle Erfahrung und Erkundung der näheren Umgebung. In der ganzen Welt kennen sich die Menschen aus. Auf Mallorca, in Barcelona, Faro, Moskau oder New York. Aber “um die Ecke”, in und nach Marienheide, findet sich kein Mensch zurecht.

Das erste Jahr ohne Pausentag

Das erste Streakrunnerjahr, 2012, war für mich ein sehr erfolgreiches Laufjahr. Als ich begann, täglich zu laufen, war nicht abzusehen, was so alles geht.

Am 02. Januar des Jahres 2012 fing ich mit dem Täglichlaufen an und bis zum 31. Dezember lief ich jeden verdammten Tag. An manchen Tagen auch mehrmals. Es wurden in diesem Jahr 382 Läufe. 114 Läufe davon über die Grenze von zwanzig Kilometern, neunzehn Läufe über die Grenze von dreißig Kilometern, ein Lauf über die vierzig Kilometergrenze und drei Läufe über die Marathondistanz hinaus. Das vorige Jahr 2011 war für mich schon ein Super-Sportjahr, hatte ich mit eigener Muskelkraft laufend, radfahrend und wandernd die Strecke von 9.648 Kilometer zurückgelegt. Dennoch wurde dieses Ergebnis 2012 noch getoppt. Es wurden, wieder alle Disziplinen zusammengerechnet, 10.471 Kilometer. Allerdings mit dem kleinen feinen Unterschied, dass ich seit Beginn 2012 zusätzlich auch noch Täglichläufer bin. So lief ich auch über die Weihnachtstage, "zwischen den Jahren" und über den Jahreswechsel, wie es sich für einen Täglichläufer gehört. Auf dem vorletzten Lauf des alten Jahres 2012 war ich alleine unterwegs. Mein Kumpel Steffen hatte an dem Tag nur einen kurzen

Lauf geplant und war mit Anja und Paul unterwegs. Er bestritt an diesem Tag seinen 4.000sten Jahreskilometer und war sichtlich stolz, weil er noch nie so viele Kilometer in einem Jahr gelaufen war. Ich lief also meine Runde zur Eschbachtalsperre und dann wieder rauf bis nach Lennep. Schon ziemlich weit oben ist dort eine Firma. Die hatten dort immer einen großen Hof mit Flutlicht beleuchtet und das wollte ich mir mal genauer anschauen. Da der Eingang zum Hof nicht abgesperrt war, lief ich rauf und drehte eine Runde über den Platz im Flutlicht, bis ein Mann vom Wachdienst auf mich zukam und mir, mit Kopflampe und rotem Blinklicht auf dem Rücken, die wohl wichtigste Frage an diesem noch stockfinsteren Morgen stellte: "WAS SUCHEN SIE HIER?" Ich antwortete ihm gut verständlich, dass ich ein Läufer sei, der sich durch das helle Licht habe neugierig machen lassen und nun mal schauen wollte, was denn da an einem Sonntagmorgen so hell beleuchtet sein müsse. Er darauf: "Wie bitte?" Achso, er kannte keine Läufer. Also dann ein erneuter Versuch. Guter Mann. Ich komme von einem anderen Planeten und erkunde gerade einen guten Landeplatz für meine Kumpels, welche in circa 10 Minuten mit dem großen Raumschiff landen wollen, um die Weltherrschaft zu übernehmen. Er schaute mich jetzt noch erstaunter an, als ich kreisend und blinkend um ihn herum lief. Ich verabschiedete mich und zeigte ihm noch eben meine erhobenen leeren Hände mit der Erklärung, dass ich wirklich nichts mitgenommen habe. Jetzt musste ich nur noch schnell nach Hause laufen. Kurze Zeit später kreisten zwei Polizeihubschrauber über Remscheid. Wen die wohl gesucht hatten?

Ein Jahr, das erste Jahr Streakrunning, war mit 7.642 Laufkilometern beendet.

Tobias, ein anderer Sportblogger, nannte mich damals in einem schmeichelhaften Kommentar "Den weißen Kenianer!"

Es lief...

~

Laufen lernt man am Besten beim Laufen.

~

Mit Spikes und Barfußschuhen

Auf, auf ins Jahr 2013, mein zweites Streakrunnerjahr. Es war mal wieder Winterzeit und das Laufen auf Schnee und Eis ist nicht unbedingt eine Freude. Zumindest nicht meine Freude. Gerade in den frühen Morgenstunden, wenn die Wege noch nicht geräumt sind und es glatt sein kann. Anja und ich haben für solche Fälle eine Art Spikes, welche wir unter die Laufschuhe schnallen, und diese geben einem dann doch eine gewisse Sicherheit bei winterlichen Verhältnissen.

Zu dieser Zeit lief ich öfter mal in Richtung Leichlingen-Metzholz, alleine schon, um dort eventuell Dieter, einen weiteren Täglichläufer, auf seiner Morgenrunde anzutreffen. Ein paar mal habe ich ihn tatsächlich getroffen. Es hat sogar funktioniert, ein paar Kilometer auf seiner Hausstrecke an der L294 in Metzholz mit ihm gemeinsam zu laufen. Einen gemeinsamen Naturlauf über eine lange Distanz haben wir aber nie machen können. Leider ist er im Jahre 2015 plötzlich von uns gegangen.

Mit Steffen machte ich weiter meine langen Läufe. Eine Zeitlang auch, wie man es sich in einem Trainingslager eines Sondereinsatzkommandos vorstellen mag. Nicht dass man mit dem täglichen Laufen während des Winters schon größere Risiken und Anstrengung hat, nein es musste auch möglichst quer durch die Natur, über Stock und Stein, im Tiefschnee, Berge rauf und runter gehen. Das machte immer sehr viel Spaß, wir gingen sehr oft an die Grenzen des Machbaren und testeten auch immer, was so geht. Steffen ist jemand, der seine Grenzen immer aufs Neue erfahren wollte, und ich war meist dabei. Letzten Endes hält es uns ja auch jung, immer mal wieder etwas auszuprobieren. Meine nächste Probe waren dann sogenannte Barfußschuhe. Bei den Läufern wurde darüber immer gefachsimpelt und so kam ich auch nicht umhin, mir welche anzuschaffen. So machte ich mich mit Anja auf die Socken zum Laufschuhdealer des Vertrauens. Ach, Moment mal. Wir haben ja gar keinen Laufschuhdealer des Vertrauens. Wir also zum nächstbesten Laufschuhladen in Leverkusen, weil es hier in Wermelskirchen zwar ein Sportgeschäft, aber keinen speziellen Laufsportladen gibt. Dort in dem Laden in Leverkusen machte ich dem Verkäufer klar, was ich wollte, und er fragte mich sogleich, was ich denn so laufe und was ich damit vorhätte. Nun meine Antwort war ganz einfach: "Ich laufe jeden Morgen einen Halbmarathon und ich will mal mit solchen Schuhen laufen. Mal ausprobieren." Der hat mich vielleicht angeschaut. Und ich bin mir sicher, der hat mir das auch nicht geglaubt. Ich kaufte ich mir diese Dinger und zog sie am nächsten Tag auch gleich mal an. Zur Sicherheit habe ich mir die “normalen” Laufschuhe im Rucksack mitgenommen, habe sie aber auf 23 Kilometern nicht gebraucht. Barfußschuhe gehen also auch, wären aber jetzt für die Langdistanz nicht mein Favorit. Da gefällt mir ein uralter, so um die 2.500 Kilometer gelaufener, mittelharter Schuh wesentlich besser. Ich muss meine Schuhe ja immer erst viele hundert Kilometer einlaufen. Heute weiß ich genau, welche Schuhe ich brauche und wie lange ich sie laufe. Die Barfußschuhe trage ich heute am liebsten zu den täglichen Wanderungen, aber damals musste ich diese Dinger unbedingt auf einigen Läufen ausprobieren.

Die Wahrheit und nichts als die Wahrheit

Im Januar fiel mir an einer Tankstelle auf, dass ich im vergangenen Jahr 2012 sage und schreibe 692 Kilometer mit dem Auto gefahren bin. Ich führe wegen meiner Selbstständigkeit ein Fahrtenbuch. Deshalb weiß ich das so genau. Da staunte ich nicht schlecht. Es zeigte sich also, dass mein Zurückrudern im Arbeitsalltag auch sinkende Benzin- und Autokosten zur Folge hatte. Ein positiver Nebeneffekt, denn wenn man an der Arbeit einspart, dann kommt auch weniger Geld herein. Ist ja logisch. Manche berufsbedingten Wege erledigte ich mit dem Fahrrad oder zu Fuß. Ich habe es selbst nicht geglaubt. Das Finanzamt glaubte mir auch nicht so recht und deshalb wurde ich mitsamt meinen Fahrtenbüchern eingeladen, den Behörden das doch mal zu erklären, wie so wenige Kilometer möglich wären. Das habe ich dann auch gemacht und als Beleg auf meinen Blog verwiesen, wo die ganzen Lauf- und Radstrecken ja dokumentiert sind. Das ist zwar kein Beweis für ein Finanzamt, aber ich musste ja auch nur erklären und nichts beweisen. Meine Erklärung war glaubhaft. Ja, wenn's doch die Wahrheit ist und nichts als die Wahrheit. Mit der Wahrheit ist das ja ohnehin so eine Sache. Viele bezweifeln ja auch, dass es möglich ist, einst so dicke Menschen zu schrumpfen. Denn es werden ja immer wieder in allen möglichen Boulevardzeitungen Bilder von Geschrumpften gezeigt und dabei dann direkt eine passende Diät angeboten. Aber wie man mir immer erzählt, kennt keiner diese Leute persönlich. Na ja uns, also Anja und mich, kennen sie und das ist für viele um uns herum der Beweis dafür, dass es funktioniert und die Wahrheit ist. Meist werden ja irgendwelche Ausreden gefunden, um sich gegen das Abnehmen oder, wie ich es nenne, das Schrumpfen zu wehren. Keine Zeit ist der beste Grund, nicht mit dem Abnehmen zu beginnen, denn die Zeit ist immer am Ende jeden Tages vergangen. Bei jedem. Auch bei mir. Und wenn man keine Zeit hat, dann kann man auch nicht mit dem Abnehmen beginnen. Klingt logisch oder? So habe ich dann damals in meinem Blog mal eine Skizze angefertigt, wie man die 24 Stunden eines jeden Tages für sich planen kann und wie ich meine plane. Das ist zum Beispiel auch der Grund dafür, weshalb wir jeden Morgen um 5:30 Uhr aufstehen und schon um 6:15 Uhr mit dem Frühsport beginnen. Zu dieser Zeit kommt uns nichts anderes dazwischen. Das kann natürlich jeder für sich planen, aber damit ist das Thema "keine Zeit" erledigt.

Der Trainingsplanbedarf

Wenn die Schrumpfwilligen mit Abnehmen und Sport angefangen haben, meinen sie einen Trainingsplan zu benötigen. Ohne Plan geht nichts. Damals entwickelte ich einen recht einfachen Plan und den möchte ich hier nicht vorenthalten.

Der Trainingsplan

- Laufe.
- Wird es schwer – laufe langsamer, aber laufe.
- Wird es leicht – laufe schneller, aber laufe.
- Fühlst du dich gut – laufe weiter.
- Fühlst du dich nicht gut – laufe trotzdem weiter, bis du dich gut fühlst.
- Auch wenn es schon mal länger dauert, bis du dich gut fühlst – laufe.

- Sind die Wetterverhältnisse schlecht – laufe und denke nicht darüber nach, denn dadurch werden sie auch nicht besser.

- Sind die Wegverhältnisse schlecht – laufe und denke nicht darüber nach, denn dadurch werden sie auch nicht besser.

- Denkst du, es geht nicht mehr, dann geht es mindestens noch mal so weit, denn du musst ja wieder nach Hause.

- Denken wird beim Laufen meist überbewertet – also laufe erst mal los.

Dieser Trainingsplan ist nicht nur für Anfänger, sondern auch für gestandene Läufer sehr erfolgsversprechend.

~

Wer bei schlechtem Wetter nicht läuft, braucht sich nicht wundern, wenn bei gutem Wetter die Verletzungen auftauchen.

~

Das Streakrunner-Team

Am 28. März 2013 hat dann auch Anja mit dem Täglichlaufen angefangen. Das auch nur, weil sie ohnehin schon sechs mal in der Woche lief. Sie hatte sich das ja nun über ein Jahr lang bei mir angeschaut und war dann zu ihrem Entschluss gekommen. Zur Not geht eine Meile immer irgendwie, es sei denn, man ist wirklich arg krank oder verletzt. So sollte es sein und von nun an ist sie dabei, beim Streakrunner-Team Anja und Lutz Balschuweit.

Seither gibt es jeden Morgen bei uns kurz nacheinander das große Aufbrechen zum Morgenlauf. Erst Anja mit Paul und mit einigen Minuten Abstand dann ich. Da Anja mit Paul eine kürzere Tagesstrecke läuft, ist sie vor mir wieder zurück und so kommen wir uns auch zu Hause nicht ins Gehege.

Was unseren Frühsport seit Beginn in 2005 auch ausmachte, ist die Tatsache, dass wir immer ohne Frühstück gestartet sind. Ein Glas Wasser mit Magnesium und ein Biss in einen Apfel vor dem Lauf reichte uns aus. Das Frühstück nach dem Sport besteht seit jeher aus viel Obst, Müsli und Joghurt. Wenn wir also vor dem Beginn des Tages unseren Sport schon gemacht haben, dem ein gutes Frühstück folgt, dann haben wir genügend

Kraft und Muße für den folgenden Tag. Es konnte also losgehen mit dem Täglichläuferteam.

10.000 Kilometer ohne Pausentag

Dann war wieder einer meiner speziellen Feiertage. Am 11. April 2013, dem 466. Tag meiner Täglichläuferkarriere, überlief ich die 10.000 Kilometermarke. Das ist ein Durchschnitt von einem Halbmarathon pro Tag.

Nicht krank, nicht schlimm verletzt, nicht genug keine Lust und nicht keine Zeit. Da gehen einem auf der Halbmarathondistanz schon viele Gedanken durch den Kopf, wenn man so vor sich hin schlurft. Ist das möglich? Ist es Zufall? Habe ich nur Glück? Ich denke, ein kleines bisschen Glück gehört auch dazu, jedoch ist es vor allem ein starker Wille. Ja es ist möglich. Der Typ, der 2004 noch mit 160 kg durch die Gegend wabbelte, hatte es geschafft.

Ich war richtig glücklich. Während dieses Laufs wurde ich auch einmal von einem Radfahrer angehalten. Ich kannte ihn nicht, aber er stellte sich mir vor, weil ich ihm nun schon mehrfach auf der Strecke zwischen Burscheid-Kuckenberg und Lennep aufgefallen war. Er wollte wissen, für was ich so akribisch trainiere, und ich antwortete ihm:

"Ich trainiere nur für mich – nicht für einen Wettkampf – nicht für ein Rennen – nur, um meinen Willen weiter zu stärken und natürlich meinen Körper und meine Abwehrkräfte." Eine nette Begegnung, der ich gerne vier Minuten Laufpause schenkte.

Soll ich ein Buch schreiben?

Nun ein paar Tage später, nach meinem 10.000sten Kilometer am 20. April 2013, kam mir zum ersten Mal "Das Buch" in den Sinn. Ja ich dachte darüber nach, ein Buch zu schreiben. Über unseren Weg, das Gewicht zu verlieren und zu einem sportlichen Leben zu wechseln. Viele Menschen in unserem Umfeld sprachen mich darauf an. Doch ich verwarf den Gedanken rasch wieder, weil ich der Meinung war, dass es schon viele solcher Bücher gebe und sich bestimmt kein Mensch speziell für unseren Weg interessiere. Abnehmen ist ja immer irgendwie in, doch Verlage wollen mitreden und kostenlos hilft einem kein Mensch bei der Umsetzung. So schrieb ich weiter meinen Blog. Außerdem ist es sicher auch so, dass die Menschen, welche mit Sport nicht allzu viel im Sinn haben, unsereins für vollkommen verrückt halten. Uns, die ständig in Bewegung scheinen und immer weiter motiviert am Ball bleiben. Bei uns kann doch was nicht stimmen.

~

Gehe lieber AN statt IN die Luft.

~

Der Guido

"Bei dem kann doch was nicht stimmen."

So denken die Menschen über jemanden, der sich nicht nach der Norm verhält. Und zu diesem Thema fällt mir meine Bekanntschaft mit Guido ein.

Ich war alleine unterwegs. Fast alleine. Oben in Bergisch-Born fuhr von hinten ein Fahrrad an mich heran und der Fahrer rief mir zu “Ich pirsche mich ganz leise an…” und lachte laut drauf los. Es war dieser Radfahrer den ich auf meinen Läufen auf der Balkantrasse, auf Wanderungen mit Paul nach Radevormwald und auch bei Fahrten mit dem Fahrrad schon öfters gesehen hatte. Auf einer Wanderung mit Paul hatte ich mich mit ihm auch schon einmal unterhalten und erfahren, dass er ein Problem hat. So psychisch, wie er sagt. Heute erzählte er mir, dass Lachen seine Therapie sei.

Und so lachten wir.

Ich laufend und er auf dem Rad. Von Bergisch-Born bis Lennep, wo er, ohne ein weiteres Wort zu sagen, verschwand. Seinen Namen weiß ich aber jetzt, um ihn beim nächsten Treffen ansprechen zu können. Sein Name ist Guido. Ich traf in noch viele Male und auch Anja lernte ihn kennen. Er war immer freundlich und lachte. Ein verrückter, aber sehr netter Kerl, dieser Guido. Irgendwann trafen wir ihn nicht mehr und so vermuten wir, dass er entweder weggezogen sein muss, eingesperrt wurde oder verstorben ist.

Machs gut Guido, Du freundlich verrückter Mensch.

Vorsorge

Damit wir unseren Sport auch immer schön weitermachen können und dabei auch gesund bleiben, machen wir in jährlichen Abständen ein Hautscreening, im Abstand von zwei Jahren ein großes ärztliches Check-Up mit allen möglichen Bluttests, Lungenfunktionstest, Sonographie, EKG und so weiter und alle fünf Jahre zusätzlich eine Untersuchung des Magen- und Darmtraktes. Immer schön der Reihe nach. Vorsorge macht Sinn. Und wenn die Ärzte etwas finden, dann kann man meist rechtzeitig reagieren und gemeinsam eine Lösung anstreben. Dabei kam einmal heraus, dass wir beide Asthma haben. Anja hat es bei Belastung und ich auf Grund von Allergien. Dann gab es auch noch Schilddrüsenprobleme bei Anja und Eisenmangel bei mir. Einige kleine Dinge und dann noch mein seit eh und je erhöhter Blutdruck. Man wird halt nicht jünger und ein Seil reißt bekanntlich an der schwächsten Stelle. Bei entsprechender Vorsorge, mit einer guten Ernährung und Sport kann man den Alterungsproblemen aber entgegenwirken. Sogar erfolgreich. Man muss es tun und nicht nur drüber nachdenken oder nur darüber reden.

Ziel: Ein Halbmarathon pro Tag

Am 15 Mai 2013 definierte ich für mich ein neues Ziel. Mein Streak, so nennt man die Serie an Läufen eines Täglichläufers, sollte nicht irgendein Streak sein. Es sollte ein besonderer Streak sein. Es sollte im Durchschnitt ein Halbmarathon pro Tag sein. Bisher hat das funktioniert. Mein Dank an den Unbekannten, der das ermöglicht.

Ein paar Tage danach hatten wir ein großes Treffen vieler Lauf- und Radsportler in einem Road-Stop in Essen. Wir waren alle nur Freizeitsportler, die sich über eine Fitness-App und Facebook kennengelernt hatten. Da sich die meisten von uns nur über das Internet kannten, war ein Treffen mit gemeinsamem Essen und Trinken eine willkommene Gelegenheit, sich mal im wahren Leben zu begegnen. Wir waren damals überrascht, wie ähnlich die virtuelle Vorstellung den wirklichen Personen war. Das hatten wir so nicht erwartet. Es wird also doch recht viel der Persönlichkeit eines Menschen über die sozialen Medien übertragen. Natürlich nur, wenn man das auch möchte. Auf jeden Fall war dieses Treffen wunderbar, wodurch sich viele der virtuellen Freundschaften noch mehr festigten.

Neben der täglichen Lauferei holte ich die Fahrräder auch 2013 immer mal wieder aus dem Stall. Knappe 500 Kilometer fuhr ich mit dem Mountainbike und knappe 500 Kilometer mit dem Crossbike. Nur ungefähr halb so viel wie im Jahr zuvor. Doch das sollte im nächsten Jahr und den darauf folgenden Jahren noch weniger werden und sogar ganz aufhören. Ich hörte mit dem Radfahren auf, weil mir die zusätzlichen täglichen Wanderungen mit meiner Frau und unserem Hund Paul einfach wichtiger waren und weil ich mich beim Wandern nicht immer mit anderen Leuten, zu Zeiten, an denen ich gar nicht Radeln wollte, verabreden musste. Es war die bessere Entscheidung.

~

Tägliches Laufen ist Täglichlaufen, wenn man täglich läuft.

~

Vollkommen leer

Am 5. Juni 2013 stand eine meiner sportlichen Höchstleistungen auf dem Plan. Der Vitali Klitschko und seine Frau Natalia machten mich damals so richtig heiß drauf. Im Fernsehen lief immer wieder dieser Werbespot zur Darmkrebsfrüherkennung und die Klitschkos und mein Hausarzt haben mich dann überzeugt. Ich muss eine Magen- und eine Darmspiegelung machen lassen. Also durfte ich am Tag zuvor ab 14 Uhr nichts mehr essen und ab 17 Uhr so einen köstlichen Orangensaft trinken, welcher mir hilft, mich vollständig zu entleeren. Ich kann das zwar auch so schon ganz gut, aber wenn das so sein soll, trinke ich eben die Plörre. Das geht dann so: 1 Liter auf 1-2 Stunden und dann noch mindesten einen weiteren Liter irgendwas zusätzlich trinken. Na dann Prost. Zwischendurch waren wir dann noch mit Paul im Wald spazieren, um alles in "Bewegung" zu bringen. Am Abend und auch am darauffolgenden Morgen bis zur Untersuchung um 11:30 Uhr durfte ich nichts weiter essen – nur trinken. Laufen durfte ich ausdrücklich auch, meinte der Arzt, wenn ich es denn kräftemäßig schaffe. Morgens ab 8:30 Uhr musste ich dann nochmals 1 Liter von dem Zeug trinken und dann nur noch die Sache mit dem Schlauch. Also erstmal alles wie immer. 5:30 Uhr aufstehen. 6:15 Uhr laufen. Obwohl ich nun schon seit 14 Uhr am Vortag nichts mehr gegessen und ich mir ehrlich gesagt nicht 100%ig zugetraut hatte, einen langen Lauf zu machen, trabte ich los. Zusätzlich hatte ich ja auch noch diese Abführmittel intus und dabei weiß man ja nie, wo genau die auf der Strecke ihre Wirkung entfalten. Aber dank meines Dreamteams Anja und Paul sowie Steffen als Begleitung konnte nichts schiefgehen. Es ging auch nichts schief, denn das Dreamteam begleitete mich die ersten 11 km und Steffen meinen gesamten Lauf auf einer Länge von etwas über 22 km. Dann noch rasch unter die Dusche und Einkäufe erledigen und ich hatte bisher immer noch keinen Hunger. Vermutlich wegen dieses weiteren Liters des Abführ-Getränks. Mittlerweile war es ganz und gar nicht mehr lecker. Aber dann begann diese Sache mit dem Schlauch. Ich bekam Sauerstoff in die Nase, ein Blutdruckmessgerät an den rechten Arm und einen Zugang mit Kochsalzlösung in den linken Arm. Dann noch einen Beißschutz in den Mund und jetzt kam der Arzt und gab mir die genau passende Dosis Propofol, damit ich von dem ganzen Gedöns nichts mitbekomme. Ich bekam auch nichts davon mit. Sonst hätte ich es hier sicher beschrieben. Ich schwöre. Und weg war ich... So circa 35 Minuten später war ich wieder angezogen und bewegte mich auf meinen eigenen Beinen raus aus dem Behandlungszimmer, legte mich noch kurz auf eine Liege, sprach mit Anja darüber, dass das ja nun wohl echt 'ne schnelle und erstklassige Sache war, die ich wirklich jedem empfehlen kann. Dieser Aufruf bedeutet jetzt nicht, dass alle gleichzeitig zu ihren Gastroenterologen rennen sollen, aber wenn's an der Zeit ist, ist's an der Zeit. Jetzt bekam ich dort noch eine Tasse Kaffee und einen Keks, bevor wir zum Gespräch über das Ergebnis der Untersuchung zum Arzt gebeten wurden. Es wurde nichts gefunden, was hätte beunruhigen können. Das freute mich natürlich und so werde ich mich im Jahr 2018 zum nächsten Termin für den Schlauch anmelden. Täglichläufer laufen täglich. Auch an solchen Tagen.

Das Kilometerspiel

In diesem ersten Halbjahr 2013 hatte ich mittlerweile 4.245 Kilometer gelaufen und als kleine zusätzliche Motivation nutzte ich das Kilometerspiel im Internet. Das Kilometerspiel ist eine Webseite, auf der sich Läufermannschaften aus maximal 70

Personen bilden, die über jeweils ein halbes Jahr ihre gelaufenen Kilometer sammeln. Die Mannschaft mit den meisten Kilometern hat dann die sogenannte Saison gewonnen. Es gibt dort die erste, zweite, dritte usw. Liga und es gibt Aufsteiger und Absteiger. Quasi wie in der Fußballbundesliga. Nur besser. Im Kilometerspiel laufe ich heute immer noch mit und bin überwiegend im Laufteam des "Twitterlauftreffs" dabei. Das ist ein Zusammenschluss von Läufern, welche über ihre Läufe und Ergebnisse über den Kurzmitteilungsdienst Twitter in sogenannten Tweets ins Internet schreiben. Als Tweet wird eine Statusmeldung innerhalb des Mikroblogging-Dienstes Twitter bezeichnet. Dieses Team, bei dem ich mitlaufe, ist der ewige Zweite oder Dritte in der 1. Liga. Immer Meilenweit hinter dem Ersten, dem "Greifclub". Das motiviert und man wird durch die Mannschaft mitgezogen. Jeder gelaufene Kilometer zählt. Für den einen oder anderen Lauffaulen kann ich diese Seite wärmstens empfehlen.

Irgendwann wird der Twitterlauftreff mal Sieger in der 1. Liga. Und dann bin ich dabei. Hoffentlich.

Bestimmt glücklicher?

Steffen war auch immer dabei, beim Kilometerspiel. Er lief auch zusätzlich in anderen Mannschaften als ich, aber auch diese motivierten ihn, mehr zu laufen. Am Morgen des 25. Juni 2013 lief ich wieder mit Steffen. Es regnete nieselig-bergisch. “Das ist Wetter für gute Läufe“ sagte der Radfahrer, welcher Steffen und mich eine kurze Zeit begleitete. Ich erzählte Steffen heute von dicken Menschen und ihrer Art von Glücklichsein. Als ehemaliger Dicker nahm ich mir heraus, das zu verstehen. Wobei ich natürlich weiß, dass jeder Mensch anders lebt, denkt und empfindet. Ich sagte ihm: “Dünne glauben immer, dass Dicke nicht glücklich sind. In deren Augen muss jeder dünn sein wollen.” Woher sie das wissen? Bestimmt gelesen. Dünne glauben auch, dass Dicke nur nicht wirklich abnehmen wollen. Sie reden immer von dem “fehlenden Willen” und verstehen gar nicht, wie man überhaupt dick werden kann. Ich erzählte Steffen von meinen Erfahrungen als Dicker, meinem Weg und meinem Jetzt. Er hörte zu, obwohl er mich ja als dicken und als dünnen Menschen kennt. Immer wieder werden Anja und ich gefragt “Und? Ihr seid jetzt bestimmt glücklicher oder?“ Viele hören nicht zu, wenn wir auf diese Frage antworten. Wir waren auch in unserem dicken Leben glücklich – nur anders. Ehemals Dicke haben auch selten Verständnis für Dicke und ihr Leben. Vielleicht eine Schutzfunktion, wie beim ehemaligen Raucher? Ein gutes Thema für den langen Lauf über 22 Kilometer an Tag 541 meines

Täglichlaufen-Projekts. Ich hatte mit dem heutigen Tag 11.770 Kilometer gesammelt.

~

Früher tat mir ständig der Arsch und der Rücken vom Sitzen weh und jetzt eben die Füße vom Laufen.

~

Dank GPS bin ich immer der letzte

GPS - das Global Positioning System ist dieser kleiner Helfer im Smartphone oder der Laufuhr, den wir Laufsportler nutzen, um unsere Laufstrecken zu vermessen oder einer bestimmten Route zu folgen. Eigentlich eine tolle Erfindung. Eigentlich. Mein ganz persönliches Problem mit diesen GPS-Apps oder GPS-Uhren ist allerdings, dass sie bei mir immer zu wenig messen. Wenn ich mit Steffen gelaufen oder Rad gefahren bin, zeigten seine GPS-Apps auf dem Smartphone stets mehr Strecke an als meine. Als ich noch mit Carsten gelaufen bin, zeigten seine GPS-Apps stets mehr Strecke an als meine. Wenn ich mit Kati wanderte oder Rad fuhr, zeigten ihre GPS-Apps stets mehr Strecke an als meine. Wenn ich mit Anja wanderte, zeigte ihre GPS-App oder die Uhr stets mehr an als meine. Ich habe das mal genauestens vom Geheimdienst ihrer Majestät untersuchen lassen und das Ergebnis dieser überaus umfassenden und teuren Untersuchung lautet: EISEN ist schuld. Oder, besser gesagt: ich bin magnetisch. Nicht nur, dass ich als kleiner Junge in dieses Fass mit dem Zaubertrank gefallen sein muss und deshalb diese läuferische Ausdauer habe, ich bin auch noch magnetisch und entziehe somit diesen ganzen Apps einen Teil ihrer Energie, so dass sie nicht mehr in der Lage sind, meine Strecken vernünftig zu vermessen. Also gewinnen kann ich so nie und vielleicht ist das auch ein Grund, weshalb ich überhaupt nicht an Wettkämpfen teilnehmen kann. So habe ich mich mit den Jahren mit diesem Problem abgefunden und kann mit Gewissheit sagen, dass ich immer der letzte sein werde. Garantiert.

Gymnastik, Obst, Joghurt und Körner

Jeden Morgen nach unserem Frühsport gibt es bei uns das Superfrühstück. Eigentlich etwas ganz Einfaches, was allerdings mit einiger Vorarbeit verbunden ist. Die verehrten Leser meines Blogs kennen die Zeilen unter meinen Tagesberichten:

Gymnastik, Obst, Joghurt und Körner

Nach jedem Lauf gibt es erst einmal Gymnastik und danach das Frühstück. Eine große Glasschüssel voll mit Obstsalat aus den zur jeweiligen Zeit gängigen Obstsorten. Dann befüllen wir daraus jeder sein eigenes Glasschälchen und schütten noch etwas Müsli und Naturjoghurt darüber. Davon isst jeder von uns mindestens zwei Portionen, denn die Vitamine, Spurenelemente und, wie das ganze Zeug auch immer heißt, sind gut, gesund und wichtig für einen gesunden Körper und Geist. Nach dem Sport sind alle Türen des Körpers sperrangelweit geöffnet, um all das auch aufzunehmen. Wer keine Milchprodukte will oder mag, kann ja heutzutage reichlich Ersatz finden. Guten Appetit.

Tschüss Papa

Der Juli 2013 war für Anja und mich, was die familiären Dinge angeht, eine nicht einfache Zeit. Anjas Vater lag mit akutem Leberversagen in der Essener Uniklinik und sein Befinden schwankte zwischen hoffnungsvoll und sterben. Dort, in solch einem Krankenhaus, lernt man auf einfachste Weise, das Leben zu schätzen, und man wird mit aller Macht daran erinnert, dass jedes Leben erstens irgendwann endet und man zweitens meist überrascht ist, wenn der Zeitpunkt kommt. So war der Frühsport auch eine Möglichkeit, diese Situation zu verarbeiten. Die Läufer unter den Lesern wissen, was ich meine: wenn man mit sich alleine unterwegs ist, alleine mit seinen Gedanken.

Dann kam der 30. Juli 2013. Es war wieder so eine heiße Nacht. Im Schlafzimmer war es kaum auszuhalten, trotz des unaufhörlich drehenden Deckenventilators. Ich hatte sogar meine Mühe, in der dafür vorgesehenen Richtung im Bett liegen zu bleiben und drehte mich irgendwie um 90°. Mitten in der Nacht versuchte ich dann doch mal, meine Decke über mich zu ziehen und griff mehrmals nach ihr, bis sie anfing, sich zu beschweren. Statt der Decke kniff ich ständig Anja in die Seite und weckte sie auf. Ich hatte Glück und wurde nicht des Zimmers verwiesen. Nun ja, gut geschlafen hatten wir also nicht, aber der Morgenlauf zeigt kein Pardon – wat mot, dat mot. Das Dreamteam Anja mit Paul und ich wieder mit Steffen. Paul ist mit Anja durch die Stadt gelaufen. Das hatten die beiden schon lange nicht mehr gemacht, ist aber eine super Ablenkung für den Kopf am frühen Tag. Ich war mit Steffen zur Sengbachtalsperre unterwegs, einmal rum und wieder nach Hause. Zu Hause erwartete uns Anja mit der Nachricht, dass sie einen Anruf der Uni-Klinik erhalten habe und wir statt morgen dann doch schon heute wieder zum Schwiegervater-Besuch kommen sollten. Noch rasch was zum Frühstück, denn unterzuckert mit dem Auto auf die Autobahn ist zu gefährlich. Paul wurde von Kati abgeholt, wo er den ganzen Tag liebevoll verwöhnt wurde.

Der Schwiegervater war immer schon ein Autonarr und ging bestimmt jedem Automobilverkäufer im Umkreis von 50 Kilometern mit seiner Fragerei gehörig auf den Zwirn, denn er kaufte ja nie etwas. Er sucht nur gerne das Gespräch mit den Fachleuten über ihre Autos. Zudem las er alles über neue und alte Autos in seiner liebsten Autozeitschrift. Nun hatte er gestern das letzte Mal in seiner Autozeitschrift gelesen und heute Morgen seine Augen für immer geschlossen. Vielleicht findet er ja dort oben im Himmel jetzt einen Spezialisten für seine Autos.

Was sollten wir jetzt anders machen? Sollten wir etwas anders machen? Wir machten alles wie immer. Und wir glaubten, es sei das Beste. Es war das Beste. Wir standen also am Tag nach Vaters Tod wie immer auf und liefen los. Anja mit Paul und ich mit Steffen. Routine zur Verarbeitung. Der Juli war vorbei. Ein schrecklicher Monat.

~

Es ist nur eine klitzekleine Überwindung jeden Morgen zur selben Zeit aufzustehen, um mit dem Morgenlauf zu beginnen. Danach bekommt man unendlich viel Belohnung dafür.

~

Die Einstellung bestimmt das Verhalten

Am 1. August 2013 überlief ich im laufenden Jahr bereits die 5.000 Kilometergrenze und war frisch wie eh und jeh. Irgendwie konnte mich nichts bremsen. "Die Einstellung bestimmt das Verhalten." Diesen Satz habe ich in meiner beruflichen Ausbildung gelernt. Ich hatte die Einstellung, ein Täglichläufer zu sein und mich darauf zu fokussieren. Nicht auf immer weiter wachsenden Reichtum. Das alleine war schon eine große und wichtige Veränderung in meinem, in unserem Leben. Denn zu meinem Glück war Anja auch dabei an meiner Seite. Dazu schrieb ich damals in meinen Blog: "Wenn ich es also schaffe, eine genügsame Einstellung zu haben und schnell zufrieden zu sein, ist schon viel gewonnen." Das war die Einstellung und die bestimmte eben das Verhalten.

Neben dem Morgenlauf, den Anja und ich ja getrennt liefen, etablierte sich noch die gemeinsame tägliche Wanderung am Nachmittag mit unserem Hund Paul. Das war ein guter Ausgleich, bei dem wir viele Dinge in Ruhe besprechen und ausdiskutieren konnten. Durch Email, Whats-App und Smartphones kann man unterwegs auch eine ganze Menge erledigen und muss gar nicht in einem Büro sitzen. Ja das war zwar nicht das Ziel, bei Wanderungen zu arbeiten, aber es war eben möglich und ich war erreichbar.

In 2013 wanderten wir 2.400 Kilometer zusätzlich zu den Morgenläufen. Und das steigerte sich nach und nach über die folgenden Jahre. So war eine weitere dauerhafte Bewegung neben dem Laufen in unserem Leben aufgetaucht. Als Erholung und als Kontrollgang, ob mit den Knochen alles stimmt. Das Laufen blieb aber immer die Nummer Eins. Jochen, ein Facebookfreund, schrieb folgende Zeilen im Internet, die mich persönlich sehr berührt haben: "Mein aktueller Lauf-Held ist Lutz, weil er so läuft, dass er jeden Tag einen Halbmarathon laufen kann. Das ist unglaublich!" Da gehen einem für mich vollkommen fremden jungen Mann meine Läufe und meine Art und Weise zu laufen durch den Kopf und vor allem hat er genau erfasst, was ich mache. Ich laufe so, dass ich jeden Tag einen Halbmarathon laufen kann. Aber warum gerade diese Distanz? Warum jeden Tag? Wie schafft der

Körper das? Ich habe mir diese Fragen nie wirklich bis in die Tiefe gestellt.

Ich laufe nicht sehr schnell, wenn ich so um mich herum schaue, was andere Läufer mit Wettbewerbsgedanken so laufen. Dafür glaube ich daran, dass ich meine Distanz gefunden habe, um das so auf Dauer weiter zu machen. Ich habe ein ordentliches Maß an Zufriedenheit erlangt. Mit Gerd, einem Laufblogger, hatte ich mich vor Jahren mal online über Ziele unterhalten. Welche Ziele habe ich? Schnelle Zeiten? Ultraläufe? Marathon? Damals kannte ich sie noch nicht und wusste nicht, dass ich ein Täglichläufer werden könnte. Das bedeutet ja nicht, dass man nicht zwischendurch mal einen Marathon oder mehr läuft. Doch das Täglichlaufen hat mich eingenommen.

Energiespeicher

Energiespeicher habe ich noch mehr als genug. Alleine schon die alte überflüssige Haut, welche noch an mir klebt. Der Hautarzt meint, "so lange es Sie nicht stört und scheuert". Na, wo er Recht hat. Meine Haut stört mich nicht weiter. Ja klar könnte ich so bestimmt bei keinem Bikini-Wettbewerb mehr gewinnen, aber ich trage ja auch gar keinen Bikini und als Nacktmodel gibt es für mich in dem Alter ohnehin keinen Job mehr. Mittlerweile bin ich immerhin fast 53 und die wollen keine alten Privatiers in solchen Jobs. Glaube ich. Wenn ich also wieder etwas besonders Sportliches vorhabe und meine Energiereserven anzapfen möchte, dann fasse ich meine Speckrollen an und ich rede ihnen gut zu. “Mein lieber Körper, wenn du gleich kraftlos wirst, dann findest du alle Energie genau dort. Merke dir diese Stellen genau. Habe keine Scheu zuzugreifen. Es ist genug für dich da.” Und so laufen wir los. Auf dass die Energie nie ausgeht.

Am Morgen des 17. August 2013 lief ich mit Martin, einem befreundeten Läufer. Martin kam extra ganz früh mit dem Auto aus Gladbeck angefahren und musste dementsprechend zeitig aus den Federn. Doch er hatte Ziele:

1) 1.000 km laufen in 2013

2) Einen Lauf mit Lutz

3) Sein längster Lauf (Halbmarathon oder mehr)

4) sonstiges

Dann fuhr Martin auf den Hof und wir sind nach kurzer Begrüßung los in Richtung Eschbachtalsperre. Wir unterhielten uns gut, alberten herum, machten Fotos und liefen über Stock und Stein, was die Beine hergaben. Für Martin aus dem flachen Land bei uns im Bergischen Land ein Erlebnis. An diesem Tag war es sein 1.000.

Kilometer in 2013 und sein längster Lauf mit über 26 Kilometern und das auch noch mit mir. Klasse Nummer und hat richtig Spaß gemacht.

Um die Ecke bringen

Am 23. August 2013 geschah dann für die Menschheit ein ganz besonderes Ereignis. Noch besonderer war es für den Radfahrer und Ex-Klassenkamerad von Anja, Andreas.

Jeder kennt ihn, den Schweinehund. Diesen inneren Schweinehund, von dem doch alle reden. Der Schweinehund, der die Menschen vom Sport und der Bewegung abhält. Der bei Regen oder Kälte die Haustüre abschließt, dass man keine Chance hat, das Haus zu verlassen. Der die Eintrittskarte vom Fitnesscenter versteckt hat und schwerste Müdigkeit über die Menschheit bringt, just in dem Moment, wenn sie anfängt, motiviert auf den Sportplatz zu gehen. Genau diesen Schweinehund hatte Andreas am 22. August auf der Balkantrasse zwischen Bergisch-Born und Lennep, während er mit dem Fahrrad unterwegs war, verloren und ist dann einfach weitergefahren, ohne sich darum zu kümmern. Er hat ihn quasi abgeschüttelt. Ist das eigentlich unterlassene Hilfeleistung in diesem Fall? Ich hoffe nicht. Als wir dann noch am selben Abend miteinander auf

Facebook schrieben, erteilte er mir und Steffen für den Morgen des 23. August einen Auftrag. Den verlorenen Schweinehund für ihn und für die gesamte Menschheit zu finden, einzufangen und, wenn möglich, um die Ecke zu bringen. Steffen und ich liefen also an diesem besagten Morgen mit dem Auftrag los und durchkämmten die Gegend nach dem Schweinehund. Nach ein paar Stunden ausgiebiger Suche in den Wäldern an der Eschbachtalsperre wurden wir oberhalb der Talsperre auf der Balkantrasse fündig, umzingelten ihn und brachten ihn um. Zack. Da war er tot und das Problem mit dem alten Schweinehund war erledigt. Wir mussten ihn nur noch rasch unter die Erde bringen, bevor er anfing zu stinken. Wir gruben ein tiefes Loch, rammten einen Holzpflock hinein, so wie man es nach Erzählungen bei Vampiren macht, brachten noch ein Kreuz mit einer Inschrift an und hielten eine Gedenkminute. Die werten Leser meines Blogs haben damals sicher das Beweisvideo auf meinem Youtube-Kanal gesehen.

Also ist eine Sache seit dem 23 August 2013 absolut sicher: es gibt keinen inneren Schweinehund mehr. Das sind nur Ausreden.

~

Mit Bewegung heilt es schneller.

~

Nicht stark genug

Beim Tod des inneren Schweinehundes vergoss ich keine Träne, aber ganz anders war es, als es um diesen kleinen Vogel ging.

Steffen holte mich wie so oft zum Laufen ab und wir liefen den Berg hinauf nach Lennep. Von dort aus zurück begleitete uns Martin einige Kilometer auf dem Fahrrad. Dann lag sie da auf dem Asphalt, die kleine Blaumeise. Ich bremste ab und beugte mich zu ihr herab – sie lebte und sah doch sehr mitgenommen aus. Was sollte ich tun? Mitnehmen und zu einem Tierarzt bringen? Nein das war nicht möglich, weil sie sich nicht festhalten ließ. Ihr den Hals herum drehen, um sie zu erlösen? Dazu bin ich nicht stark genug und habe zu viel Hoffnung, weil sich so mancher tot geglaubte Vogel noch berappelt hat und wieder Wind unter die Flügel bekam. Meine Begleiter Steffen und Martin waren auch nicht dazu in der Lage. Also setzte ich sie vorsichtig neben der Trasse ins Gras und hoffte, dass sie es schafft – die Natur wird sich ihren besten Weg suchen.

Ich kann mit solchen Dingen nicht umgehen.

Jetzt war ich total unsicher, was nun die beste Lösung gewesen wäre.

Um die Wuppertalsperre

Es war der 8. September 2013. Ich lief an diesem Tag mittlerweile seit 616 Tagen in Folge und hatte in dieser Zeit 13.525 Kilometer in Folge gesammelt.

Wir hatten einen Lauftreff geplant und die Läufer standen an diesem Sonntag pünktlich um 6:15 Uhr am Treffpunkt mitten in der Pampa zwischen Remscheid und Radevormwald an der Kräwinklerbrücke. Wir schnallten uns die Rucksäcke um und liefen los. Das Ziel war die Umrundung der Wuppertalsperre und das war eine Distanz von 28 Kilometern mit vielen Steigungen auf ganz unterschiedlichem Untergrund. Dabei waren Steffi, Martin, Oliver, Steffen und ich. Es war noch dunkel und als wir gerade unterwegs waren, fing es an zu gewittern. Die Blitze zuckten am dunklen Himmel und natürlich war das keine ungefährliche Situation. Doch was hätten wir machen sollen? Das Gewitter zog ja weiter und wir waren schon zu weit von den Autos entfernt. Da mussten wir jetzt also durch. Es regnete in Strömen und zwar so stark, dass mein Smartphone in dem von mir als wasserdicht angenommenen Gefrierbeutel, der als Schutzhülle fungierete, abgesoffen war. Dabei hatte ich mir das Handy nur von Anja ausgeliehen, weil meins schon in Reparatur war. Um Himmelswillen, wie sollte ich ihr das erklären, wenn ich diesen Lauf durch das Unwetter überleben sollte? Ich hab's überlebt, denn sonst hätte ich das hier ja nicht mehr aufschreiben können. Und mein Geständnis bezüglich ihres Telefons habe ich auch überlebt. Wir liefen also in dieser wirklich tollen Gruppe um die nicht enden wollende Wuppertalsperre und es machte trotz der widrigen Bedingungen unheimlich viel Spaß, durch den Matsch zu rennen. Eingesaut von unten bis oben. Solche Lauftreffs sind für mich immer etwas ganz Besonderes und sie sind nur möglich, wenn genug "Verrückte" daran teilnehmen. Wenn es ohne Startnummern auf die Piste geht, ohne Gewinner und Verlierer, dann bin ich dabei. OK, an diesem Tag hatten wir alle eine Startnummer und bei jedem von uns war es die Startnummer eins.

Alles eine Sache der Sichtweise

Jetzt erzähle ich mal etwas über einen Sicherheitsgurt und wie er mir meine Grenzen aufzeigte. In meinem ersten Leben war ich von Beruf Werkzeugmacher, lernte und arbeitete bei einem großen Heizgeräteehersteller. Etwas später bildete ich mich in derselben Firma weiter zum Qualitätsprüfer. Wieder einige Jahre später hatte ich die Nase von der Fabrikarbeit voll und besuchte eine Berufsinformationsveranstaltung bei einem wirklich sehr großen Allfinanzberatungsunternehmen. Ich wusste schon nach dem ersten Infoabend: Das wird meine Zukunft. Ich wurde Vermögensberater und Anja wurde von Beginn an bei mir angestellt. Wir waren also auch beruflich ein gutes Team und hatten Erfolg. Der Tag bestand, um es kurz zu sagen, aus Arbeit, aus Essen, aus Arbeit und aus Essen. Bis gegen Ende des Jahres 2004 der Sicherheitsgurt vom Cabrio nicht mehr passte. Ich setzte mich ins Auto und bekam diesen verdammten Gurt nicht mehr zu. Der war eingelaufen oder irgendjemand hatte aus Jux ein Stück rausgeschnitten. Damals spielte ich erst mit dem Gedanken, mir extra für meine Leibesfülle einen Gurt anfertigen zu lassen, überlegte mir aber dann doch, lieber ein passendes Auto für uns zwei Dicke zu kaufen. Ich hatte ja einige Seiten vorher schon einmal darüber berichtet.

Anja stellte dann über verschiedene Onlinekonfiguratoren von unterschiedlichen Marken ihre Wunschautos zusammen und wir machten uns danach auf den Weg zu den Autohäusern. Nach einigem Hin und Her und vielen Testfahrten wurde es dann einer dieser für die Parkplatzsuche unpraktischen SUVs. In diesem Auto saßen wir damals passgenau und ich konnte ohne Probleme den Sicherheitsgurt schließen. Autokauf nach Leibesfülle. Das Auto bestellten wir im November 2004 und konnten es im Mai 2005 in Empfang nehmen. Als wir uns dann aber im Mai in unser neues Auto setzten, war die Karre so riesengroß, dass ich erst mal erschrak. Ja und heute, 12 Jahre später, sitzen wir immer noch als geschrumpfter Lutz mit geschrumpfter Anja in diesem großen Auto. Das Cabrio haben wir übrigens damals behalten und dessen Gurt kann ich jetzt zwei mal um mich wickeln. Zu meinem Glück habe ich die Karre nicht verkauft, sie wird nämlich bald Oldtimer.

Damals machte ich mir Gedanken über die Länge meines Sicherheitsgurtes und heute über die Menge meiner gelaufenen Kilometer. Es ist eben alles eine Sache der Sichtweise.

~

Es nicht zu tun, ist keine Option.

~

Sich selbst fordern

Jetzt geht es nochmal in der Zeit zurück. Zusammenfassend. Es war Januar 2005, als wir damit angefangen hatten, etwas für unsere Gesundheit zu tun. Das Ziel war, abnehmen und beweglicher werden. In diesem Moment wurde uns klar, dass 'Fördern' nur mit 'Fordern' geht. Wir mussten uns heraus-'fordern'. Heraus-'Forderungen' schaffen. Angefangen hat es mit der 'Forderung' an uns selbst, darauf zu achten, wenig Fett zu essen, wenig gezuckert zu essen und ganz auf Alkohol zu verzichten. Die nächste 'Forderung' an uns war, Bewegung in den Tag zu bringen. Mit täglichen Spaziergängen fing es an. Erst eine halbe Stunde, dann eine Stunde und dann immer zügiger. Eine Heraus-'Forderung' für zwei Menschen, die mit Bewegung nichts am Hut hatten. Der nächste Schritt war die Heraus-'Forderung', mit richtig schweißtreibendem Sport zu beginnen. Nordic-Walking - erst eine Stunde, dann anderthalb Stunden, dann zwei Stunden und dann immer zügiger bis zum Power-Nordic-Walking, einem Mix aus Nordic-Walking und Laufen. Der Organismus war zu diesem Zeitpunkt schon 'gefördert', weil er ständig 'gefordert' wurde. Man spürt in sich selbst, dass immer mehr geht. Man spürt, dass man unter-'fordert' ist und zu mehr bereit zu sein scheint. Dann zusätzlich Radfahren und Wandern. Dann

Laufen, länger laufen, schneller laufen, weiter laufen. Und mittlerweile täglich lange laufen. Durch das ‘Fordern’ ist unser Organismus ‘gefördert’ worden und mit ihm auch der Grips. Wie sagte der alte Juvenal, seines Zeichens Dichter damals? “Orandum est ut sit mens sana in corpore sano.” “Beten sollte man darum, dass in einem gesunden Körper ein gesunder Geist sei.” Beten ist ja auch eine gewisse Form des ‘Forderns’. In meinen Worten würde ich es folgendermaßen ausdrücken: “Man wird ja nicht blöder durchs Laufen. Also laufe.” Bitte fordern Sie sich jetzt.

Beruferaten

Bei der ganzen Lauferei und der damit einhergehenden Gripsbildung treffe ich ja eine ganze Menge Menschen. Manche jeden Tag und andere nur mal ab und zu. Als ich mit Steffen am 2. Oktober 2013 oben in Lennep neben den Gleisen her lief, überholten wir diesen einen Herrn, welcher zur Arbeit spazierte. Den trafen wir sehr oft dort und ich treffe ihn heute immer noch ab und zu auf diesem Streckenabschnitt. Nach dem üblichen freundlichen „Guten Morgen“ sagte Steffen damals zu mir: „Der ist bestimmt alleinstehend, gut gebildet, spricht sehr gewählt, arbeitet bestimmt in der Zentrale dieser Bank dort und kennt sich allgemein gut aus“ und deutete auf das große Bankhaus neben der Balkantrasse in der Nähe der Kreuzung Trecknase in Remscheid-Lennep. Ich darauf so: „Hey Steffen, Du hast aber eine gute Menschenkenntnis – kommt bestimmt durch deine langjährige Erfahrung im Umgang mit Menschen.“ Wir lachten und fachsimpelten weiter, was sein könnte. Dass wir hier in zehn oder fünfzehn Jahren immer noch laufen, dann könnte es auch sein, dass er uns hinterher rufen würde, dass er nun bald nicht mehr hier gehen wird, weil er in Rente geht und die vielen Jahre beim Schrotthändler zu arbeiten auch genug waren. Ja und dann wird er uns von seiner Scheidung erzählen, dass sich seine Kinder nicht um ihn kümmern, das ganze Leben ihn so richtig drangekriegt hat und überhaupt, dass er das ganze Leben besser anders gestaltet hätte. Beides wäre möglich, aber wir haben ihn bei einem unseren anderen Läufe später irgendwann mal gefragt. Wir wissen jetzt Bescheid. Er arbeitet tatsächlich bei dieser Bank.

Wo soll das denn hinführen?

Am 7. Oktober 2013 war ich auf meinem Morgenlauf nach Burscheid-Kuckenberg und zurück. Da traf ich gute zwei Kilometer vor meinem Ziel auf ein junges Paar, das sich ganz langsam joggend auf der Balkantrasse auf mich zu bewegte. Jetzt erst erkannte ich die beiden. Es waren Michael und seine Frau, die ich aus meinem Kollegenkreis der Vermögensberater kenne. Sie waren der Meinung, dass deren Waage „TILT“ anzeigt und jetzt Spocht die richtige Konsequenz sei. Eine wirklich gute Idee, wie ich fand! Ich drehte um und lief knappe drei Kilometer mit den beiden in ihrem Joggingtempo. Das war sehr vorteilhaft, denn so konnten wir uns noch über den Ablauf eines Vortrages unterhalten, den ich im November bei Michael im Büro halten sollte. Thema: Meine Art zu leben durch effektive Planung. Doch ein Vortrag über die Möglichkeiten der Lebensveränderung der Mitarbeiter ist in gewisser Weise auch eine Gefahr für die Firma. Denn man stelle sich mal folgendes vor: Die Mitarbeiter fangen an, gute oder noch bessere Umsätze zu generieren, aber nicht mit dem Ziel, das endlos so weiter zu machen, sondern, um früher aus dem Hamsterrad auszusteigen. Wo soll das denn hinführen, meine sehr verehrten Damen und Herren?

~

Also ich finde ein guter Gesprächsstoff ist beim Dauerlauf immer von Vorteil. Egal, ob man mit sich selbst redet, oder mit dem Laufpartner.

~

14.642 Kilometer ohne Pausentag - Ein Zwischenstand

Am 25. Oktober 2013 überlief ich die 7.000 Kilometergrenze im Täglichlaufen in diesem Kalenderjahr. Wenn ich mich also wirklich auf den Weg gemacht hätte, dann wäre ich zum Beispiel in 2013 bis nach Bahawalpur, einer Stadt in Pakistan, gejoggt. Damals konnte ich mir noch gar nicht vorstellen, wie nah mir Pakistan beziehungsweise einige Einwohner dieses Landes später einmal kommen würden.

In meinem Gesamtprojekt des Täglichlaufens hatte ich mir mittlerweile seit dem 2. Januar 2012 einen Kilometerstand von 14.642 Kilometern erlaufen. Doch es ist naturgemäß nicht immer ganz so einfach mit dem Täglichlaufen. Nicht nur in Sachen Zeitplanung, was wir ja ganz gut gelöst haben, indem wir zu Beginn des Tages laufen. Nein auch, was die Gesundheit angeht und die Psyche. Wir üben einen Sport aus, bei dem Anja sich dazu entschlossen hat, zu dieser Zeit jeden Tag mindestens zehn Kilometer zu laufen und ich die täglichen zweiundzwanzig bis dreiundzwanzig Kilometer. Wenn da eine Erkältung anrollt oder eine Verletzung, dann ist es von Lauf zu Lauf ein Experiment. Nicht zu viel Anstrengung. Nicht dazu hinreißen lassen, doch noch einen Schritt schneller zu laufen. Der Puls darf nicht zu hoch schlagen. Die Atmung ruhig halten. Konzentration. Einen Pausentag beziehungsweise eine Pausenwoche einlegen, wie es sonst üblich ist, ist beim Täglichlaufen keine Option. Dann ist es durchaus schon mal erforderlich auf die sonst übliche Laufbegleitung zu verzichten. Um nicht mitgezogen zu werden. Das ist zwar schade, aber so geht es und nach der besonderen Schon-Situation läuft sicher wieder alles ganz normal.

Blumenhandel

Am 2. November 2013 hatte Anja mit Paul es geschafft, die 3.000 Kilometergrenze im laufenden Jahr mit Täglichlaufen zu übertreffen. Ein Meilenstein, den nicht viele Hobbyläufer hinbekommen. Schon mal gar nicht im Streakrunning. In unseren Online-Laufgruppen, solchen virtuellen Zusammenschlüssen über die sozialen Medien wie Facebook oder Google-Plus hatten wir damals eine Abmachung, dass bei erreichten 1.000 Laufkilometern im Jahr ein Gänseblümchen ins Profilbild gemacht wurde und bei erreichten 3.000 Laufkilometern eine Mohnblume. So war für alle Teilnehmer die besondere Laufleistung gut ersichtlich und es wirkte ein bisschen so wie eine Medaille oder eine

Urkunde. Es gab damals einen richtigen “Run” auf diese Blümchen und sogar heute, vier Jahre später, bekomme ich auch von wildfremden Läuferinnen und Läufern immer noch Anfragen, dieses Blümchen ins Profilbild einzupflanzen. Eine besondere Leistung drängt eben an die Öffentlichkeit. Auch abseits von Zeitungen, Radio und Fernsehen. Das ist gut so.

Sicher durch die Dunkelheit

Im November ist es morgens um kurz nach sechs noch für längere Zeit dunkel und da will man als Läufer draußen auf den Straßen gut gesehen werden. Anja und ich haben in den vielen Jahren, die wir uns draußen bewegen, schon so viele Menschen, auch Läufer oder Radfahrer, ohne entsprechend gut sichtbare Kleidung oder Beleuchtung in der Dunkelheit, dem Nebel oder Regen gesehen. Unendlich viele. Und sie setzen sich einem so großen Risiko aus, an- oder sogar überfahren zu werden. Sei es durch PKWs oder von Radfahrern. Dabei wäre es doch so einfach, ein paar Reflektoren an der Kleidung zu tragen. So machen wir es von Beginn an. Vor unserer sportlichen Zeit trauten wir uns ja nie vors Loch. Das war also damals eher kein Problem. Reflektoren an der Kleidung, eine Blinkleuchte hinten und eine Leuchte vorne und immer aufmerksam durch die Dunkelheit huschen, zusätzlich die möglichen Fehler der anderen Verkehrsteilnehmer bedenken und hoffen, dass nun nichts mehr passiert. Man muss halt bedenken, dass man als Mensch ohne Fahrzeug um sich herum, sehr schnell zum Krüppel werden oder sogar sterben kann. Ich kann nur immer wieder an alle Sportler appellieren, sich draußen nur sichtbar zu bewegen.

~

Wer täglich weit läuft, ohne es zu müssen, der sollte viel von diesem Zeug namens ‚mentale Kraft' besitzen.

~

Brücken und Affären

“Brücken für Affären” sagte die Radiosprecherin immer wieder auf Französisch. So hatte ich es jedenfalls falsch verstanden. Die Franzosen scheinen auch nix anderes im Kopf zu haben als Affären, dachte ich, als ich am 7. November 2013 für meinen Lauf etwas ganz Besonderes an Musik auf den Ohren hatte. Ich hatte den französischen Radiosender www.jazzradio.fr auf den Ohrhörern und schlenderte so mit Klängen zum Beispiel von Dean Martin und Konsorten über meine Strecke ins verdammte Kuckenberg und zurück. Immer wieder kamen zwischendurch natürlich auch Ansagen in Französisch. Obwohl ich zwar im letzten Jahrhundert zwei Jahre Französisch in der Schule hatte, bin ich dieser Sprache doch ganz und gar nicht mächtig. Die sagten da immer und immer wieder was von Brücken und Affären. Immer und immer wieder. Oh là là! So ungefähr nach zwanzig Kilometern habe ich es dann auch begriffen, was gemeint war. Die lasen da immer Webadressen vor. In der Werbung. Zum Beispiel jazzradio.fr oder mazda.fr oder schnickschnack.fr. Und das hört sich schnell gesprochen so an wie „Pont Affaires". Wie soll ich denn auch auf den Gedanken kommen, dass die Franzosen .fr am Ende einer Webadresse stehen haben und nicht .com oder .eu? Die meinten also gar keine Brücken und Affären sondern den Punkt und fr. Schlauer war ich jetzt und hatte weitere vierundzwanzig Kilometer auf dem Tacho. Worüber man sich beim Morgenlauf alles Gedanken macht, ist schon verwunderlich.

Steinzeitmensch

Am 9. November 2013, dem Tag meines 48. Geburtstags, lief ich morgens mit Steffen eine Runde nach Burscheid-Kuckenberg. Nur ein Teil des Tagespensums an Bewegung, welches ich mittlerweile regelmäßig machte. Wie sagte einst Professor Dr. Ingo Froböse von der Deutschen Sporthochschule Köln: „Unser Körper ist vergleichbar mit einem Ferrari, den die meisten bewegen, als säßen sie in einem Trabant. Meist ist also nicht Überforderung, sondern Unterforderung ein Problem." Ich wollte lieber den Ferrari fahren und entschloss mich, am Tag im Durchschnitt dreißig Kilometer zu Fuß zurücklegen. So viel bewegten sich die Steinzeitmenschen damals, was jetzt nicht bedeutet, dass wir immer noch Steinzeitmenschen sind, aber dazu wurden wir Menschen "programmiert". Auch ich, was mich jetzt neben dem Tragen eines Bartes auch nicht unbedingt zu einem Steinzeitmenschen macht. Nach einiger "Einarbeitungszeit" war ich auf dem Level von täglich dreißig Kilometern und bin es heute immer noch. Morgens mindestens den Halbmarathon laufen und am Tag nochmal um die zehn Kilometer wandern. Dreißig Kilometer am Tag zu Fuß. Ich bin ein "Steinzeitmensch" geworden und fühle mich gut dabei.

Höher, schneller, billiger, weiter

Der 22. November 2013 war wieder einer dieser Tage, an denen ich mir bewusst Gedanken über meine Lebensveränderung gemacht habe. Mein Vater starb im Dezember 1994 schon im Alter von sechzig Jahren und war gerade erst seit ein paar Monaten Rentner. Er war also in dieser Beziehung nicht unbedingt das beste Vorbild. Und meine Mutter erzählte mir immer von "früher", wie schön alles war, aber nie vom "Jetzt". Das macht sie heute noch so. Irgendwie brachte mich das auf diesen Satz von Mahatma Gandhi:

„Es gibt wichtigeres im Leben, als beständig dessen Geschwindigkeit zu erhöhen"

Vom "höher als", "schneller als", "billiger als", "weiter als", "reicher als" und "besser als" hatten Anja und ich uns nun seit geraumer Zeit verabschiedet. Wir waren und sind zufrieden mit unserer gesamten Situation. Ich spürte das in ganz einfachen, alltäglichen Situationen, in denen ich vor ein paar Jahren noch aus der Haut gefahren wäre. Ein kleiner Kratzer am Auto, eine etwas zu lange Warteschleife bei der Hotline - ach eigentlich hat mich alles zur Weißglut bringen können. Und so eine Situation war ja auf die Dauer nicht mehr auszuhalten. Die Geschwindigkeit des Lebens musste also abgebremst werden. Plötzlich war viel mehr Zeit für alles da. Das klingt so abgedroschen, ist aber nun mal die Wahrheit. Wenn mich jemand fragt warum ich das für so wichtig erachte, dann erzähle ich immer folgendes: Wir werden alle irgendwann sterben. Dann ist es zu Ende. Aus und vorbei. Und bis dahin müssen wir etwas aus unserem Leben machen. Denn wenn der Moment gekommen ist, dann graben sie ein Loch und werfen dich da hinein. Dreck drauf und fertig. Wenn man erst zwanzig Jahre auf der Welt ist, dann hat man theoretisch noch viel Zeit vor sich, aber wenn man schon vierzig oder fünfzig ist, dann wird die Zeit, um etwas Gutes daraus zu machen, immer weniger. Worauf also warten? Wenn es mich also, wie meinen Vater, schon mit sechzig erwischt, dann hatte ich in dem Moment, als ich das damals in meinen Blog schrieb, noch 12 Jahre Zeit, etwas draus zu machen. So eine Chance lässt man doch nicht einfach so verstreichen. Das wäre doch total plemplem.

~

Laufen ist Lutzus.

~

Floskel-Frage

In der dunklen Jahreszeit ist der richtige Zeitpunkt, um Dinge zu sehen, für die man sonst kein Auge hat.

“Guten Tag - Wie geht es?”

Wie oft hörst du diesen Satz so am Tag? Er fängt meist schon mit einer Art Lüge an: „Ich wünsche dir einen guten Tag“. Zu 95% eine bedeutungslose Floskel. Und weiter geht es dann mit der Frage: “Wie geht’s?” Als ob das dein Gegenüber wirklich interessierte. So habe ich einmal folgendes ausprobiert, um festzustellen, ob der Andere sich tatsächlich aufnahmebereit zeigt oder ob es nur die besagte Floskel ist. Als die Frage „Wie gehts?“ kam, sagte ich nichts, blieb einfach stumm und achtete genau auf die Reaktion. In sehr vielen Fällen kam dann meinem Gegenüber relativ spontan ein „mir auch!“ über die Lippen. Leider. Dabei finde ich es gar nicht mal so unwichtig, ehrlich miteinander umzugehen. Wenn schon bei der Begrüßung klar ist, dass der Gesprächspartner mit seinen Gedanken ganz woanders ist, wo soll denn der Rest des Gesprächs dann hinführen? Also ich bin dafür bekannt, nicht lange um etwas herum zu reden und möglichst rasch auf den Punkt zu kommen. So handhabe ich das auch, wenn ich jemanden treffe. Meist sage ich HALLO und nicke freundlich. Auf die Frage, wie es mir gehe, frage ich zurück „Willst du das wirklich wissen?“ Und ernte dann meist volle Aufmerksamkeit oder unverständliche Blicke. Diese kleinen Spielchen mit der Psyche im Alltag faszinieren mich immer wieder. Wenn Steffen und ich morgens durch die Dunkelheit trabten, dann spielten wir viele solcher Wortspiele und unterhielten uns sehr oft über Aktion und Reaktion der Menschen. Es ist immer wieder spannend – also eigentlich täglich spannend.

Worüber Anja und Paul während des Laufens reden, habe ich noch nicht raus. Mit mir redet Paul ja irgendwie anders. Gespräche unter Männern und so.

Guten Tag – Wie gehts Dir?

Ich bin nicht, aber wir sind

1. Dezember 2013 und mein Lauftag Nummer 700 in Folge. Bisher stehen 15506 Kilometer in diesen 700 Tagen auf meinem ganz persönlichen Täglichläufertacho.

- Ich bin kein schneller Läufer.
- Ich bin kein Eventläufer.

- Ich bin kein Läufer mit einem tollen Laufstil.
- Ich bin kein Läufer mit tollem Outfit.
- Ich bin kein Läufer, von dem man sich vieles abgucken könnte.
- Ich bin einfach nur ein Läufer, der jeden Tag läuft.
- Danke, dass ich das sein darf und kann.
- Und einen Tag später hatte Anja ihren 250. Lauftag in Folge. Beständigkeit ist etwas, was uns verbindet.
- Wir sind seit 27 Jahren ein Paar.
- Wir verbringen die Zeit gemeinsam.
- Wir wägen gemeinsam ab.
- Wir entscheiden gemeinsam.
- Wir erleben gemeinsam.
- Wir gehen gemeinsam zu Bett.

- Wir stehen gemeinsam auf.
- Wir laufen beide am Morgen.
- Wir wandern beide am Nachmittag.
- Wir teilen uns Freude.
- Wir teilen uns Freunde.
- Wir teilen uns Leid.
- Wir geben uns Motivation.
- Wir.
- Wir machen das jeden Tag.

Zwei Jahre ohne Pausentag

Jetzt war auch das zweite Jahr mit Täglichlaufen beendet. 8.566 Kilometer Laufen in 2013 und zusätzlich 2.390 Kilometer Wandern und 900 Kilometer Radfahren.

- 2 Jahre Tag für Tag gelaufen.
- 2 Jahre nicht entscheidend krank oder verletzt gewesen.

- 2 Jahre jeden Tag den Kampf gewonnen.
- 2 Jahre den Willen weiter gestärkt.
- 2 Jahre bei jedem Wetter draußen bewegt.

Man kann. Wenn man will. Und die gesamten Umstände es zulassen. Und ich dachte nur: Wie gut, dass ich damit angefangen habe.

~

Es gibt endlos viele Kilometer. Lasst sie uns laufen.

~

Damals und heute

Neues Jahr - neues Glück - neue Geschichten beim Laufen.

Am 5. Januar 2014 war ich wieder mit Steffen, meinem Laufkumpel und Kollegen, unterwegs. Wir liefen einfach der Balkantrasse folgend bis zum Bahnhof Lennep und wieder zurück. Eine bekanntlich gute Strecke zum Quatschen und Denken. Wir haben uns viel über das

Kilometerspiel unterhalten und wie wir die Leute in unserer Mannschaft mehr in Richtung Gewinn bringen können. Im Anschluss an dieses Thema folgte eine längere Schweigephase, auch etwas sehr Angenehmes auf einem langen Lauf. Aber dann erzählte er mir eine Story, die schon viele Jahre zurücklag und an die er sich erinnerte.

Damals… Als der Mobilfunk noch in den Kinderschuhen steckte und unsere Nutzung von Mobiltelefonen ebenfalls, da passierte folgendes: "Als ich damals Anfang der neunziger Jahre noch den BMW fuhr, war ich gerade irgendwo dahinten bei Hückeswagen oder Wipperfürth unterwegs und dann rappelte mein schickes NOKIA in der Autohalterung. Es zeigte sich ein Briefumschlag im grünen Display und ich wusste nicht, was das ist. Erst zu Hause konnte ich in der Bedienungsanleitung blättern, um herauszufinden, dass ich eine Mitteilung über den Short Message Service (SMS) bekommen hatte. MEINE ERSTE SMS UND DIE WAR VON DIR!"

Ja, aber hallo.

Was der Steffen sich so alles merkt. Aber da wir gerade mal beim Thema sind, fallen mir da noch so viele schöne technische Spielereien ein, die heute möglich sind. Ob es die Fitness-Apps sind, mit denen man live über das Internet verfolgen kann, wo der Sportler sich aufhält. Man kann live einen

Sportler am anderen Ende der Welt anfeuern. Nur über Internet, Smartphone und Fitness-App. So kann man gemeinsam Sport treiben und muss sich dafür gar nicht treffen. Dann gibt es diese Smartwatch, die mit dem Smartphone über Bluetooth verbunden Nachrichten direkt auf der Uhr anzeigen kann oder das direkte Telefonieren über die Uhr ermöglicht. Schöne neue Welt.

Analog geht auch

So wie die Welt immer technischer wird, so kann man auch freiwillig schon mal einen Schritt zurück machen. Nur mal so. Vielleicht, um zu schauen, ob es auch noch ohne diese vielen kleinen technischen Spielereien geht. Wir haben uns zum Beispiel dazu entschlossen, öfter mal einfach zu Fuß diese zwei Kilometer in die Stadt zu gehen, statt mit dem Auto zu fahren. Und natürlich auch wieder die zwei Kilometer zurück. Das hat Vorteile, zum Beispiel mehr Bewegung im Alltag, aber auch weniger Kosten und es erspart die Parkplatzsuche. Manche Dinge können so einfach sein.

Im Januar 2014 haben wir uns auch ein richtiges Altertümchen angeschafft. Unglaublich, aber wahr. Wir kauften uns eine analoge Personenwaage. Diese ganzen Digitaldingensens mit drei Stellen hinter dem Komma sind doch was für

Gewichtsfreaks. Also mal ehrlich, wenn ich nur ein Glas Wasser trinke, dann habe ich schon 200 Gramm mehr auf der Waage und wie wirkt denn sowas auf einen Menschen, der sich in einer Gewichtskrise befindet? Dann entwickeln sich negative Gedanken. Da wird dann nicht getrunken, um das Gewicht auf der elektronischen Waage möglichst gering zu halten und so weiter und so fort. Die, die schon mal mit Gewichtsproblemen zu kämpfen hatten, wissen wovon ich schreibe. Man macht sich selbst verrückt. Schon Anjas Vater nutzte die gute alte analoge Waage und hat damit auch reichlich Übergewicht gewogen. Geht also. Dann werden wir das doch wohl auch können und unser Gewicht in der Waage halten. Analog. Wer jetzt aber glaubt, dass auf Grund der nicht-digitalen Anbindung eine Weiterverarbeitung der gemessenen Daten unmöglich sei, DER TÄUSCHT SICH! Es gibt nun zwei Möglichkeiten:

a) Man gebe hierzu den angezeigten Wert händisch in ein dafür vorgesehenes elektronisches Gerät mit entsprechender Funktion ein.

b) Man schreibe den Wert einfach mit einem Bleistift auf einen Zettel.

Auf jeden Fall macht man sich mit so einem analogen Altertümchen lange nicht so verrückt, wie mit einer digitalen Waage mit Fettmessung und Kaffeekochfunktion.

Ich wollte nur singen

Am 11. Januar 2014 kam Steffen nicht zum Morgenlauf und ich machte mich alleine auf die Socken. Mit einer ganz neuen Begleitung und zwar mit Schlagermusik. Ja, ich habe mir den Stream eines Internetradios mit Schlagermusik aufgenommen und beabsichtigte, lauthals mitzusingen, während ich da so meine Runde laufe. Vorher wurde ich noch auf meinem ersten Kilometer aufgehalten und kam gar nicht erst zum Singen. In der Friedrichstraße sah ich im Lichtkegel meiner Stirnlampe zwei dunkle Gestalten auf dem Bürgersteig. Plötzlich lief eine der Gestalten auf mich zu und machte mir deutlich, dass ich doch bitte anhalten soll. Es war eine Frau, schätzungsweise so zwischen fünfundsechzig und siebzig Jahren jung, welche mich anhielt und mir ganz aufgeregt folgendes erzählte:

“Der da hat mir gerade seinen Penis gezeigt und mich gebeten, ihm zu helfen!” und deutete auf die andere Person, welche ich aber im Licht meiner Stirnlampe nicht so recht erkennen konnte.

Im selben Moment rannte die andere im Dunklen stehende Person mit einem Affenzahn davon und verschwand in einer Seitenstraße. Er trug eine Kapuze und so konnte ich ihn nicht erkennen. Aufgrund der Hektik war ich nicht mal in der Lage, schnell noch ein Foto für Facebook zu schießen. Ich wusste erst mal nicht, was ich sagen sollte. Das ging alles so schnell und ich stammelte nur heraus... „Soll ich ihnen irgendwie helfen?“ - „Sollen wir die Polizei rufen?“ und „Oh man, was geht denn hier ab und was war das denn für ein Spinner?“ Sie beruhigte sich wieder und meinte nur, dass die Polizei ja nun auch nicht mehr helfen könne. Der freilaufende Penis war jetzt weg und ich glaube auch nicht, dass er so mutig ist, die Dame nochmals zu belästigen. Ich fragte die Frau noch, ob ich sie jetzt alleine lassen könne, und als sie das bejahte, machte ich mich wieder auf meine Strecke. So lief ich dann weiter und traf oben in der Stadt auf Anja und Paul, denen ich die Story dann natürlich erst mal erzählen musste. Wir liefen ein Stück gemeinsam und dann konnte ich endlich Marianne Rosenbergs Lied mitsingen...

“Er gehört zu mir. Wie mein Name an der Tür.” Und so weiter...

~

Sommer ist doch nur Trainingszeit für Winter.

~

Yaktrax-Wetter

Am 28. Januar 2014, also mitten im Winter, zumindest hier bei uns im Westen des Landes, war es gar nicht so schlimm winterlich wie andernorts. Wir liegen hier auf dreihundert Metern Höhe und es ist auch nicht beständig weiß. Dafür ist es aber in den Morgenstunden ganz nett glatt. Mit etwas Schnee drauf wäre ja noch gut zu laufen, aber Eis ist schon ein besonderes Extra. Aber da hat das Wetter die Rechnung ohne die Streakrunner gemacht, denn die sind auch für solche Fälle mit entsprechenden Hilfsmitteln ausgerüstet. Steffen war an diesem Tag wieder mit von der Partie und als er mit seinem Auto auf unseren Hof rutschte, zitterte er noch von seinem Beinaheunfall ein paar Minuten zuvor. Er hatte sich mal eben auf der glatten Straße gedreht, ist aber zum Glück nirgendwo eingeschlagen. Dann rief er mir zu: „YAKTRAX-WETTER". Ich eilte wieder in die Wohnung, griff in den Schuhschrank und holte die Yaktrax-Schneeketten raus. Anja und ich hatten schon allerlei Hilfsmittel für Läufe auf Glatteis ausprobiert. Seien es diese einfachen Hartmetall-Noppen oder auch Schuhe mit griffigerem Profil, aber am besten kommen wir noch mit diesen Spiralfedern unter den Schuhen klar. Die kann man zusammenfalten, in die Jackentasche stecken und im Bedarfsfall einfach unter die Schuhe schnallen.

Mit diesen Dingern kann man sicher auf Glatteis laufen. Natürlich gibt es auch Schuhwerk mit Spikes, aber bei unserer Laufleistung würden die zu schnell verschleißen und die Kosten explodieren lassen. Die unterschnallbaren Yaktrax dagegen passen ins Budget. Wir sind dann erst einmal los, ohne sie anzuziehen, aber entschieden uns nach hundert Metern schon, sie besser doch zu tragen. Anja war mit Paul ohne dieses Hilfsmittel auf einem Stadtrundkurs unterwegs, was augenscheinlich auch funktioniert hat. Für mich und Steffen wäre es jedoch zu langweilig, die dreiundzwanzig Kilometer Strecke an diesem Tag immer und immer wieder durch unseren Kleinstadtkern zu laufen, nur weil dort Salz und Sand gestreut waren. Also sind Steffen und ich auf der “Eisbahn-Balkantrasse” rauf nach Lennep gelaufen. Den Tag zuvor in die andere Richtung runter nach Leverkusen war überhaupt nichts glatt.

Auf jeden Fall ist Glatteis kein Hindernis, denn es gibt ja entsprechende Hilfsmittel, um nicht zu rutschen.

Der Mensch - in seinem Verhalten so vielfältig und so spannend

Am 4. Februar 2014 schrieb ich zu diesem Satz folgendes in meinen Blog: Wenn ich morgens so mit Steffen auf der Balkantrasse lief, dann unterhielten wir uns hauptsächlich über die Eigenarten anderer Menschen – ihr Verhalten in bestimmten Situationen usw. Das ist spannend und liefert in aller Regel reichlich und immer wieder anderen Gesprächsstoff. Zwischenmenschliche Probleme, Unhöflichkeiten, Dummheiten und andere Kriegsschauplätze gehörten zum täglichen Warmup. Und wenn uns aus dem realen Leben mal der Gesprächsstoff ausgegangen ist, dann griffen wir auf die Postings aus den Sozialen Netzwerken zurück. Ich sagte dann in solchen Situationen zu Steffen:

“Dieses Facebook und diese ganzen sozialen Netzwerke sind doch eigentlich nur ein Spiegelbild unserer Gesellschaft.”

Da hat einer heute die Meinung - Tiere muss man schützen und morgen tritt er seinen Hund. Einer schwört auf Sport, ist volle Pulle begeistert und wirft nach dem ersten kleinen Wehwehchen all seine Vorhaben über den Haufen. Wir müssen jetzt alle Veganer werden und jeder weiß genau, warum das natürlich gut sein muss. Politiker sind auch ein beliebtes Spaltholz. Natürlich sind immer die Regierenden auch die Schuldigen, weil die Opposition ja gar nicht kann, auch wenn sie will. Sobald die Verantwortung wechselt ist es natürlich andersherum.

Eine feine Sache, wenn man die Kommentare der einzelnen Personen liest und/oder mal mit kurzen Gegenkommentaren etwas „herumstichelt“. Wie schnell dann aus vermeintlichen „Freunden“ in den sozialen Netzwerken plötzlich “Feinde” werden. Dann beharkt und beschuldigt man sich auf Teufel komm heraus. Alle lesen es mit – lustig und gleichzeitig traurig. Die Hemmschwelle ist so auf Entfernung offenbar doch recht klein und man nimmt selten ein Blatt vor den Mund. Sehr schnell kommt da etwas zum Vorschein, was im realen Leben zwar nicht ausgesprochen, aber gedacht wird. Und wenn alles nicht funktioniert, wird es auf die anderen geschoben. Wie immer.

Ach ja und über uns, über Anja, Steffen und natürlich auch über mich, wird natürlich auch viel hinter dem Rücken gesprochen und geschrieben. Wir geben ja immer wieder reichlich Stoff dafür her. Habt Spaß dabei – dafür ist es da.

Dankbarkeit

Was ich aber in der Zeit von mittlerweile 766 Tagen täglichem Laufen als wichtigste Sache gelernt hatte, war, meine Dankbarkeit für die Sache öffentlich zuzugeben. Und so schrieb ich am 5. Februar 2014 in den Blog:

„Logisch – man kann man sich Tag für Tag über alles Mögliche aufregen und sich ständig ärgern, alles anzweifeln und überall Streit suchen…“

Also wir sind nicht die Super-Gläubigen und haben mit der Kirche eigentlich nichts am Hut. Wobei Glauben ja nicht unbedingt mit Kirche im Zusammenhang steht. Aber irgendwas muss es geben, was die ganzen Prozesse und Dinge in, auf der und um die Welt herum steuert und lenkt. Was es ist und wie man es nennt, weiß ich nicht, aber es ist da. Wenn es, er, sie mir jetzt hier zuhört und meinen Blog liest, dann möchte ich an dieser Stelle einmal DANKE sagen.

Danke für die nun schon lange Zeit ohne Krankheit.

Danke für die nun schon lange Zeit ohne Verletzung.

Danke für die nun schon lange Zeit, Sport treiben zu können.

Danke für dieses relativ sorgenfreie Leben.

Danke für die viele Zeit, die wir sinnvoll verbringen dürfen.

Danke für diesen schönen Morgenlauf.

Heute sehe ich es als noch viel wichtiger an als damals. Dankbarkeit für so viele positive Dinge muss man in dieser irren Welt mit Kriegen und Ungerechtigkeiten öffentlich machen und herausschreien, wo man nur kann.

Dieses Schreien muss lauter sein als das Unken der ewig Unzufriedenen.

~

Wenn du schlapp und müde bist, wenn dir jegliche Motivation fehlt, dann brauchst du einen Ersatz-Lutz. Den schickst du einfach für dich raus auf die Strecke.

~

Bitte bremsen

Der 19. Februar 2014 war wieder so ein Tag, an dem ich einen Beschluss fasste: Ich glaubte, die Geschwindigkeit meiner Läufe etwas bremsen zu müssen. Es wurde in letzter Zeit immer schneller.

Ich spürte einen Druck, wieder bei der “Schneller-Höher-Weiter-Gesellschaft” mitzumachen. Mir graute aber davor, wieder dazu zu gehören. Die Welt dreht sich ja auch immer in der selben Geschwindigkeit und die ist ja schon um einiges älter und erfahrener als wir Menschen.

Anja war mit Paul an dem Morgen schon unterwegs und Steffen kam ein paar Minuten später. Heute war das unpassend. Ich hatte schon für 10 Uhr einen Termin mit dem Steuerberater ausgemacht, aber auf ein paar Minuten kommt es nicht an. Wir sind in einem ruhigen Tempo gestartet. Ich achtete unterwegs darauf, dass wir nicht zu schnell werden. Auf dem Rückweg begegnete uns Aki. Aki kenne ich noch aus der dicken Anfangszeit meiner “Sportlerkarriere” an der Eschbachtalsperre. Er war dieser „sich immer ästhetisch bewegende Läufer“ – eines meiner läuferischen Vorbilder. Wir hielten kurz an und begrüßten uns auf der Balkantrasse. Wir sind noch immer über Facebook befreundet und sollten mal wieder zusammen laufen. Ich habe ihn einmal gefragt. Er war damals länger nicht gelaufen, aber fing gerade wieder an. Er hatte etwas Wichtiges vor. Einen Marathon im Gedenken an seine Tochter zu laufen! Ich war mir sicher, dass er das auch schaffen würde. Bei diesem bewegenden Treffen hatte ich dieses unwichtige Stoppen der Uhr vergessen. Kontrollverlust über die gebremste Pace. Totalen Kontrollverlust über den weiteren Lauf. Steffen sollte nun das Tempo klein halten. Er sollte. Das gelang ihm jedoch irgendwie nicht. So habe ich mich also immer zurückfallen lassen und in der Gegend herum geschaut. Das ging zwar, aber nicht so richtig. Und wieder sind wir etwas schneller als sechs Minuten pro Kilometer im Durchschnitt gelaufen. Selbst durch die Mulde auf der Leverkusener Strecke. Ich wollte und musste lernen, mich mehr zu bremsen, um die Welt nicht überholen zu wollen.

Vorfreude gewünscht

Natürlich hatte ich zwischendurch auch immer mal wieder eine Zeit, in der es seitens meiner Motivation nicht so gut lief. An Tag 790 in Folge, dem 01.März 2014, schrieb ich, dass ich mich gerne auf etwas "vorfreuen" würde. Ich hatte eine leichte Erkältung und war nicht gut drauf. Ich würde gerne genau jetzt mal wieder einen langen Lauf durch die Botanik machen. Abseits von Balkantrasse und bekannten Pfaden. Am liebsten mit Zeug im Rucksack, irgendwo hin - oneway mit Retoure-Taxi. Stattdessen hatte ich eine Erkältung und trödelte meine Standard-Strecken ab. Tags zuvor mit Dudelsackmusik auf dem Gehörgang und heute mit nix. Ok, ich war zumindest unterwegs. Hatte nicht zusätzlich auch noch das Gefühl, nichts getan zu haben. Und Vorfreude ist doch ohnehin die schönste Freude. Also vorfreute ich mich noch ein paar Tage, bis dieser Infekt wieder weg war. Aber später, wenn ich mich noch an meinen Wunsch von heute erinnern kann, dann geht es endlich wieder durch die Botanik, über Stock und über Stein. Das sollte jetzt der Beginn einer anderen Zeit meines Täglichlaufens werden, aber an diesem Tag wusste ich das noch nicht. Erst drei Tage später änderte ich etwas Grundlegendes.

Trennung von Steffen

Meine Erkältung war ausgestanden und dennoch plagte mich etwas ungemein im Oberstübchen. Woraufhin ich am 4. März 2014 den Satz “Ich bin raus” schrieb und sagte. Ich war zu diesem Zeitpunkt 48. Ich passte mich äußerst ungerne an. Ich war ein Egoist. Ich machte mein Ding. Ich war und bin es immer noch, Täglichläufer. Und wer mitmachen mochte machte mit, solange es mir gefiel. Zu dieser Zeit war es mal wieder so weit, dass ich zu etwas keine Lust mehr hatte. Durch meine Erkältung war ich die letzten paar Tage alleine gelaufen und hatte gespürt, dass es mir gut gefiel. Mein eigenes Tempo. Meine Musik. Meine wirren Gedanken. Keine Verpflichtung. Mich nur auf mich selbst konzentrieren. Vielleicht war es einfach zu eng geworden. Ab und an mal eine Laufbegleitung, das war ganz ok. Aber nicht auf Dauer. So sollte ich mich wohl von meinem Laufkumpel Steffen trennen und hoffen, dass er mich versteht. Ich hatte ihm alles gezeigt, was ich über das Laufen wusste. Ich hatte ihm alles gesagt, was ich zu sagen hatte. Auf “Expeditionen” mit Rucksack durch die Pampa sollte das natürlich keine Auswirkung haben. Solche Extratouren sollten wir gerne ab und an machen können. Ich war nur raus aus diesem Alltagstrott und machte wieder nur mein Ding. Und das war für mich ein großer Schritt und eine große Veränderung nach der langen gemeinsamen Zeit, denn bisher war da immer oder sehr oft eine andere Person, auf die man sich als Laufpartner irgendwie doch verlassen konnte. Ab diesem Zeitpunkt nicht mehr.

Steffen hat es einfach stillschweigend hingenommen. Ohne etwas dazu zu sagen. Wir haben deshalb auch keinen Streit. Vielleicht war es auch für ihn der richtige Zeitpunkt.

~

Bergauf ist nur umgedrehtes Bergrunter.

~

Narbe 12+

Als Sturzpilot machte ich mich auch beim Laufen immer recht gut. Nicht nur auf dem Fahrrad. Ob es Stolpern über die eigenen Füße war, Hängenbleiben an einem Bordstein oder einer hochstehenden Gehwegplatte oder Wegrutschen auf nassen Wurzeln. Irgendein Hindernis findet sich bei genauer Suche immer mal wieder, um sich die Knie oder Ellenbogen aufzuschlagen. Zum Schutz meiner Handinnenflächen trage ich gerne einfache Radhandschuhe, aber auf Knie- und Ellenbogenschoner verzichte ich bisher noch großzügig. Jede Narbe hat schließlich ihre eigene Geschichte und wenn ich gefragt werde, woher diese oder jene Narbe stammt, dann kann ich immer eine spektakuläre Geschichte erzählen, wie diese hier vom Tag 803 meines Täglichlaufen-Projekts am 14. März 2014: Mit schön rotem Sonnenaufgang vor den Augen, cooler Musik auf den Ohren und mit leichter Temposteigerung lief ich meine Balkantrassenrunde nach Lennep und zurück. Es sieht einfach wunderschön aus, wenn der Nebel in den Tälern Richtung Hückeswagen und Radevormwald liegt und dahinter die rote Sonne aufgeht. Ein kurzer Stopp, ein Blick, ein Foto und dann weiter nach Lennep, um den Laternenmast am Wendepunkt und zurück auf der Linie der Trassenbegrenzung nach Wermelskirchen.

In unserem Städtchen angekommen, übte die Feuerwehr gerade mit dem großen Leiterwagen und ich schaute noch rauf, winkte und fiel lang auf die Nase. Na toll. Wieder mal so einen Steinabsatz übersehen und na ja... Beide Knie geschrammt und die linke Schulter vom coolen Abrollen leicht ramponiert. Interessant war, dass just in dem Moment ein Rettungswagen vorbeirollte und die Mannschaft sich nach mir erkundigte. “Können wir ihnen helfen?” Die gehören jetzt wohl zu meinem Standardbegleitpersonal, immer im Hintergrund. So ein Begleitteam brauche ich scheinbar. Ich habe den Herren dann kurz erklärt, dass ich ja der Sturzprofi aus Wermelskirchen bin und alles ok sei. Aufgestanden, geschüttelt, über mich selbst gelacht und nach Hause gelaufen. Das war Narbe 12+.

Immer wieder die Wuppertalsperre

Aber zwei Tage später musste alles wieder total gut sein, denn an dem Wochenende kamen Robri, Kerstin, Sarah, Stephan, Thomas, Ralf, Markus und Steffen, um mit mir um die Wuppertalsperre zu laufen. Ein paar Leute aus dem flachen Teil des Ruhrgebiets und ein paar Leute aus dem Bergischen Land. Gut gemischt also für diese anspruchsvolle Profilstrecke. Wir trafen uns an dem Wanderparkplatz unterhalb der alten Kirche an der

Kräwinklerbrücke. Es war um sechs Uhr noch dunkel und alle hatten ihre Stirnlampen eingeschaltet. Die Reflektoren an unserer Kleidung strahlten und wir liefen in einem ruhigen Tempo los. Unterwegs wurde viel gequatscht, denn wir kannten uns eigentlich alle nur über die sozialen Netzwerke. Wir hatten uns zwar schon ein paar mal persönlich getroffen, aber eigentlich haben wir im Alltag nicht sehr viel miteinander zu tun. Wenn man dann in einer Gruppe von Sportlern durch den dunklen Wald läuft und der Morgen langsam graut, dann ist das schon eine richtig tolle Sache. Gerade wenn man auf so einer anspruchsvollen Strecke als Gruppe unterwegs ist und man aufeinander Obacht geben muss. Für mich waren solche gemeinschaftlichen Naturläufe in kleinen Gruppen immer etwas ganz Besonderes und ich freute mich jedes Mal auf die nächste Möglichkeit. Was erzähle ich da? Ich freue mich heute immer noch auf die nächste Möglichkeit für solche sportliche Treffen, welche wir auch immer wieder machen.

Nach dem Sport gibt es dann auch immer direkt aus dem Auto heraus etwas Zünftiges zum Essen und so können die verbrauchten Kalorien eines solchen Laufs gut wieder aufgefüllt werden. Kuchen, Frikadellen, Eier, Käse, Kaffee, Obst und Gemüse. Ja und dann spricht man sich schon für einen nächsten Lauf ab.

Neues Ziel

Ziele im Sport sind eine nicht unwesentliche Sache. Erst hatte ich das Ziel, irgendwann laufen zu können. Dann, dauerlaufen zu können. Dann, ein Jahr ohne Pause laufen zu können. Dann, das zweite Jahr ohne Pause laufen zu können.

Gestern hatte ich nach 806 Tagen meine 18.000 Kilometer im täglichen Laufen abgespult und machte mir so meine Gedanken zu dieser für mich großartigen Zahl. Einmal um die Welt am Äquator lang sind es 40.076,6 Kilometer und um die Pole rum sind es 40.008 Kilometer. Die Erde ist also ein Ei. Eier mag ich. So hatte ich mir ein neues Ziel vorgenommen. Ich wollte versuchen, mit diesen Distanzen, die ich nun schon seit dem 02. Januar 2012 jeden Tag lief, einmal um die Welt zu eiern. Ich hatte diesen Entschluss einfach so gefasst, ohne mir wirklich vorstellen zu können, was ich da noch vor mir hatte. Noch weitere 22.000 Kilometer mußte ich mit dieser Intensität täglich abspulen und das ohne auch nur einen Tag Pause. Nicht schnell – dafür aber beständig.

~

Laufe einfach weiter.

~

Süchtig?

Die Wanderungen am Nachmittag wurden mehr, die Fahrradtouren weniger. Eigentlich hat das mit dem Radfahren in 2014 fast ganz aufgehört. In 2013 fuhr ich zusätzlich zum täglichen Laufen noch siebzehn mal mit dem Rad und drehte so 900 Radkilometer. In 2014 waren es nur noch nicht mehr erwähnenswerte zwei Ausfahrten mit dem Rad und fünfundachtzig Kilometer. Dafür war ich aber mit Anja und Paul 354 mal wandern und zwar 4.110 Kilometer in dem Jahr. Zusätzlich zu den 8.730 Kilometern meiner täglichen Lauferei. Das Wandern wurde eine wirkliche Alternative zum Radfahren. Anja möchte nicht mit dem Rad fahren und so haben wir mehr gemeinsame Zeit. Auch mit Paul.

Viele Leute machten sich ja mittlerweile “Sorgen” um uns, weil sie uns nur noch morgens beim Laufen, mittags im Eiscafé und nachmittags beim Wandern sahen. Dabei war es ja unser Ziel, die Arbeitszeit zu reduzieren und die freie Zeit zu nutzen. Das war nicht immer einfach und fühlte sich auch das ein oder andere Mal ein wenig merkwürdig an. Doch wenn man nicht irgendwann anfängt, dann schuftet man in ständig steigendem Maße, um immer mehr, mehr und mehr zu erwirtschaften. Nun dann kamen auch erste

Befürchtungen auf, Anja und vor allem ich könnten sportsüchtig sein. Ich begann deshalb mit einer Selbstbeobachtung in Bezug auf das Ausmaß und die Intensität des Sports. Ich wollte mich durch den Sport nicht von anderen zwischenmenschlichen Kontakten abhalten lassen und er sollte keine Schäden verursachen. Es sollte sich nicht das ganze Leben um den Sport drehen und ein Ausgleich vom Sport sollte gegeben sein. Mein Fazit: eine Waldwanderung am Nachmittag mit Frau, Hund und Freunden ist bestimmt gut, um sich zu unterhalten und auf dem Boden zu bleiben. Ich glaube nicht, dass ich süchtig bin, aber wer weiß das schon so genau.

Immer wieder diese Frage

Am 23. März 2014, Tag 812, bin ich von meiner Morgenrunde acht Kilometer gemeinsam mit Dirk gelaufen und er fragte mich erneut, warum ich denn nicht mal den Röntgenlauf in Remscheid mitliefe. Mir ist in dem Moment keine schlüssige Antwort eingefallen. Bisher ist mir noch nie eine schlüssige Antwort auf diese mir schon oft gestellte Frage eingefallen.

Der Röntgenlauf ist das Highlight der Läufe hier in unserer Region. Ein Lauf rund um Remscheid. Und von einem “echten” Läufer wird erwartet, teilzunehmen. Aber eigentlich bin ich gar kein echter Läufer, denn ich habe bis heute ja auch noch nicht an auch nur einem offiziellen Lauf teilgenommen.

Einen Tag später lief ich bis zur Stadtgrenze Leverkusen und zurück über Burscheid. Dann der B51 folgend bis nach Hause. Auf der B51 war ein Megastau, weil sich hier alle von der Autobahn A1 einfanden, die vergebens auf eine Stauumfahrung der Autobahn hofften. Und als ich an diesem Stau vorbeilief, ist mir dann auch die Antwort auf Dirks Frage eingefallen, nämlich mein Vorhaben, im Streak, also im Täglichlaufen ohne Pausentag, einmal um die Welt zu laufen.

“Mein Ziel ist es nicht, am Stück um eine Stadt wie Remscheid zu laufen. Mein Ziel ist es, am Stück um die Welt zu laufen. Und an diesem Ziel arbeite ich Tag für Tag mit genauer Planung, um auch am nächsten und am übernächsten und am überübernächsten Tag meinen Lauf zu laufen und meinem Ziel einige Kilometer näher zu kommen.”

Das würde demnächst meine Antwort sein.

Das erste Streak-Jahr für Anja mit Paul

Der 28. März 2014 war schon wieder ein ganz besonderer Feiertag. Vor genau einem Jahr hatte Anja mit dem Täglichlaufen begonnen. Damals hätte sie nie gedacht, dass es auch bei ihr mit der Konsequenz so gut funktionieren würde. Ich schrieb damals diese Worte in den Blog: Sie konnte es sich ja nicht so recht vorstellen, als sie damals damit angefangen hat, jeden Tag zu laufen. Sie meinte, es ist nichts für sie. Sie brauchte ja ihre Pausentage – dachte sie. Wer braucht denn sowas wie Täglichlaufen - sagte sie?

Keine ernsthafte Erkrankung. Keine ernsthafte Verletzung. Kein Schweinehundgelaber. Keine anderen Ausreden, wie keine Zeit, zu kalt, zu warm, zu nass, zu glatt. Es waren 365 Tage Laufen in Folge. Ein großes Jubiläum. Und ich war stolz darauf, sagen zu können, dass wir zwei Streakrunner sind. Kaufen kann man sich dafür ja nichts, aber in meinen Augen war das schon etwas ganz Besonderes.

~

Erst loslaufen, dann denken.

~

Lampe, Trinkrucksack und bunt

Im April 2014 lief ich wieder vermehrt zur Eschbachtalsperre, dort eine Runde und dann den langen Anstieg hinauf nach Lennep, um über die Balkantrasse nach Wermelskirchen zurück zu laufen. Weil es zu dieser Jahreszeit und der frühen Startzeit meines Laufs noch dunkel ist, lief ich mit der Stirnlampe auf dem Kopf. Licht ist wichtig und schützt einen vor Stürzen und davor, in der Stadt von anderen Passanten oder Autofahrern übersehen zu werden. Und wenn ich dann an der Eschbachtalsperre ankomme, ist es meist schon hell genug, so dass eine Stirnlampe nicht mehr nötig ist. Die anderen Sportler, die mit dem Auto zur Eschbachtalsperre fahren, schauen mich dann oft merkwürdig an und lachen sich wahrscheinlich insgeheim kaputt über den Typ, der ohne Dunkelheit mit der Funzel auf dem Kopf ums Wasser rennt. Nicht nur, dass er meist auch noch eine Reflektorweste zusätzlich zu seinem eh schon bunten Outfit trägt.

Sie, die anderen Sportler, fragen sich dann:

Warum trägt der eine Laterne auf dem Kopf?

Warum hat der einen Trinkrucksack auf dem Buckel?

Warum hat der diese bunten Socken an?

Warum ist der überhaupt so bunt?

Was will der hier bei uns schwarz Gekleideten?

Ja so sind sie – die Sportkameraden an der Eschbachtalsperre. Aber, wie sagt man doch so schön? “Ist der Ruf erst ruiniert, lebt sich’s gänzlich ungeniert.”

Überwindung

Am 18. April 2014, an Anjas Tag 387 im Täglichlaufen, war zu befürchten, dass sie ihren Streak beenden müsse. Übelkeit und Durchfall waren bis zum späten Nachmittag ein unüberwindbares Hindernis, ihr Ziel des Täglichlaufens weiter zu verfolgen. Viele Stimmen sagen dann Dinge wie: „Mach doch mal Pause“ – „Du bist verrückt“ – „Dein Körper schreit nach Ruhe“ – „Das ist doch ungesund“ usw.

Sie mögen Recht haben. Genau so, als wenn man bei einer Feier mal zu viel getrunken hat und man sich am nächsten Tag schwört „NIE WIEDER ALKOHOL“. Und dann tut man es doch wieder. Oder wenn man mal bei einem leckeren Essen zu viel geladen hat und sich sagt „NIE WIEDER SO VIEL ESSEN“. Und man tut es doch wieder. Der

Mensch trifft Entscheidungen oft einfach nach seinem Gefühl. Es ist nicht immer alles richtig, was andere Menschen als richtig empfinden. Sie stecken nicht in deinem Körper. Sie denken nicht mit deinem Geist. Anja hatte an diesem Tag entschieden, einen sehr kurzen langsamen Lauf zum Erhalt ihres Streaks zu laufen. Paul und ich durften sie begleiten. Auch wenn sie sich dabei alles andere als gut gefühlt hat, hat sie abgewogen, welches das schlimmere Übel ist, und sich meiner Meinung nach richtig entschieden, den Streak deshalb nicht zu unterbrechen. Mit dem Spruch: „Denkt doch mal an die Gesundheit" braucht keiner anzukommen, weil jeder für sich seine eigenen Ausnahmen von jeder Regel macht. Wir sind Täglichläufer und kennen unseren Körper mit seinen Stärken und Schwächen sehr genau – genauer als so manch anderer. So machten wir uns Tags drauf auch wieder auf unseren normalen Distanzen auf den Weg. Für Anja war es zu diesem Zeitpunkt eine gute und richtige Entscheidung, die sie weiter voran gebracht hatte. Eine Überwindung des Unwohlseins brachte sie damals weiter.

Keine Absicht

Am 22. April 2014 und meinem Lauftag 842 in Folge schrieb ich damals in meinen Blog:

2003 - Niemand hat die Absicht, sich zu bewegen.

2004 - Niemand hat die Absicht, abzunehmen.

2005 - Niemand hat die Absicht, Sport zu machen.

2006 - Niemand hat die Absicht, täglich Sport zu machen.

2007 - Niemand hat die Absicht, mit dem Laufen zu beginnen.

2008 - Niemand hat die Absicht, Dauerläufer zu werden.

2011 - Niemand hat die Absicht, Täglichläufer zu werden.

2012 - Niemand hat die Absicht, täglich mindestens einen Halbmarathon zu laufen.

Und dann führte ich es weiter...

2014 - Niemand hat die Absicht, 20.000 Kilometer in Folge und 1.000 Tage ohne Pausentag zu laufen.

2015 - Niemand hat die Absicht, 30.000 Kilometer in Folge ohne Pausentag zu laufen.

2016 - Niemand hat die Absicht, in 4 Jahren, 8 Monaten und 18 Tagen 40.076,6 Kilometer in Folge ohne Pausentag zu laufen und damit einmal virtuell die Erde an der weitesten Stelle am Äquator zu umrunden.

2017 - Niemand hat die Absicht, 2.000 Tage ohne Pausentag zu laufen.

2018 - Niemand hat die Absicht, 6 Jahre ohne Pausentag zu laufen.

2018 - Niemand hat die Absicht, 50.000 Kilometer in Folge ohne Pausentag zu laufen.

Niemand hat die Absicht...

~

Wenn andere beim Laufen den Kopf ausschalten, schalte ich ihn an.

~

Alles, was man braucht

Meine Mutter ist bei der „älteren“ Bevölkerung unserer Kleinstadt gut bekannt. Sie hatte ihr Arbeitsleben lang im Schirmgeschäft ihrer Eltern, meinen Großeltern, gearbeitet und somit zu den Regenschirmbesitzern der Stadt immer ein inniges Verhältnis.

Im Bergischen Land wird man ja schließlich mit dem Regenschirm in der Hand geboren. In diesem kleinen Geschäft wurden Regenschirme repariert und auch neue verkauft. Daneben gab es auch noch Damen- und Herrenunterwäsche, Hemden, Krawatten und Kleidung für Kleinkinder. Neben Reparatur oder Verkauf war natürlich auch immer noch etwas Zeit, um mit der Kundschaft ein Gespräch zu führen. Den Laden meiner Großeltern gibt es nun schon lange nicht mehr, doch meine Mutter kennen die Leute noch. Im März 2014 wurde sie im Städtchen mit der Frage angesprochen, was denn ihr Sohn so machen würde. Der würde ständig mit seiner Frau im Eiscafé sitzen oder durch die Gegend joggen oder mit dem Hund und Rucksack wandern. Meine Mutter wusste im ersten Moment keine passende Antwort. Nach zwei Sekunden Überlegungspause empfahl ich ihr beim nächsten mal folgendes zu antworten:

Die sind reich… an Zeit, an guter Laune, an allem, was man braucht.

Die Fratze

An manchen Tagen musste ich auch unter extrem erschwerten Bedingungen auf meine Morgenrunde aufbrechen. Wie zum Beispiel am 26. April 2014, als ich plötzlich mit jemand mir völlig Unbekanntem in einem alten hölzernen Treppenhaus stand und ein kleines Mädchen leise mit seinem hellen Stimmchen hinter einer Wohnungstüre reden hörte. Ich sage zu meinem Begleiter, dass mir das komisch vorkäme und wir wurden neugierig. Wir standen vor dieser hölzernen Wohnungstüre und hörten genau, wie dieses junge Stimmchen in halber Höhe von uns genau hinter der Tür leise etwas sagte. Aber wir verstanden kein Wort. Es hörte sich jedoch traurig an, fast schon hilfesuchend. Wir wollten wissen, ob wir helfen konnten, und klopften an die Holztür, an der an einigen Stellen schon der graue Lack ab war. Das kleine Mädchen antwortete auf der anderen Seite der Tür, aber wir verstanden es immer noch nicht. Immer und immer wieder fragten wir... „Sag, was ist mit Dir? Haben Dich Deine Eltern alleine gelassen oder ist etwas passiert?“ Es wimmerte und wir bückten uns vor dieser alten Holztüre in diesem halbdunklen hölzernen Treppenhaus. Plötzlich öffnete sich die Holztüre einen schmalen Spalt und wir schauten durch den Spalt in die dunkle Wohnung. Die Tür riss auf und da stand eine normalgroße, langhaarige Blondine in einem knallroten Bademantel vor uns und wisperte mit dieser Kinderstimme unverständliches Zeug. Wir sprangen vor Schreck beide aus der Hocke zurück und erschraken, dass uns fast das Herz stehen blieb. Ich schaute diesem blonden Etwas ins Gesicht und erschrak abermals, als ich dann diese

Fratze mit Zähnen des Clowns Pennywise erkannte. Mir war schlecht und ich befand mich in einer Art Schockstarre. Aber mein Instinkt sagte mir: ich muss da weg. Bloß schnell weg aus diesem halbdunklen hölzernen Treppenhaus mit dieser Fratze. Ich rannte und wurde wach. Es war dunkel, mein Herz raste, ich hörte aber Anja ruhig neben mir atmen und vor dem Bett vermutete ich den Hund liegend. Ich traute mich nicht, meine Augen zu öffnen, denn ich erwartete, wieder in diese Fratze zu blicken. War das wirklich Anja, die da neben mir atmete? Rasch zog ich mir die Decke über und hatte Angst, die Augen zu öffnen oder das Licht anzuknipsen. War das wirklich der Hund, den ich da neben dem Bett auf dem Fußboden wähnte? Wer weiß, ob der Traum schon zu Ende ist. Jetzt stellte ich auch noch fest, dass ich auf die Toilette musste, aber ich traute mich nicht mal, einen Fuß unter der Bettdecke rauszustrecken, obwohl es mir heiß war. Egal. Ich musste also Licht anmachen und den kurzen Weg ins Bad gehen. Im Bad war der Duschvorhang zur Hälfte geschlossen – anders als üblich. Mein Blick streifte den Spiegelschrank, wo ich nichts sah außer der weißen Wand. Aber das muss nichts bedeuten, denn man kennt solche Szenen aus Horrorfilmen, wo dann doch plötzlich genau diese Fratze mit den langen Haifischzähnen hinter einem auftaucht. Schnell wieder ins Bett und dann schrieb ich diesen Traum in mein iPad, in der Hoffnung, daß er wirklich schon zu Ende ist. Aber gleich sollte ich es wissen – hoffte ich. Spätestens, wenn ich an diesem Tag mit Stefan K. laufend unterwegs bin, rauf nach Lennep. Dann werde ich mich fragen: Ist es schon zu Ende? Oder grinst er mich zwischendurch wie Pennywise an?

Glück gehabt – Alles ist gut – war doch nur ein Traum.

Und Stefan hat an diesem Tag mit mir seinen ersten Halbmarathon gelaufen. Da konnte ich ihm nur meinen herzlichen Glückwunsch sagen. An manchen Tagen ist es das Unterbewusstsein, was einen antreibt. Die Angst vor dem Monster, das einen verfolgt, wenn man den Streak unterbricht.

Gruuuuselig.

Das Waldhorn

Tag 858 meines Täglichlaufen-Projekts

Als ich noch klein war, ging ich zur Musikschule. Erst lernte ich, auf dem Xylophon zu klimpern. Danach folgte die Blockflöte und, tataaaaa, mein Wunschinstrument – das Waldhorn. Da ich auch als Kind schon immer sehr schlecht war, was Trainingspläne und Üben angeht, nutzte ich einen meiner größten Vorteile gegenüber der restlichen Welt – mein absolutes Verständnis für

Zeitmanagement, was damals noch Zeitplanung hieß. Ich übte mit dem Waldhorn beim großen Geschäft auf der Toilette. Das sparte mir Zeit, um mit den Kumpels draußen durch die Bäche zu stampfen und Frösche zu fangen. So mache ich das heute noch mit der Zeitplanung. Zwar übe ich nicht mehr mit dem Waldhorn auf dem Örtchen, dafür lese und beantworte ich heutzutage periphere Emails dort in der fast endlosen Stille meines Throns.

Worauf ich aber eigentlich hinaus wollte…

Dieser Klang des Waldhorns wirkt auf mich sehr beruhigend und lässt mich an weite, tiefgrüne Wälder denken. Also machte ich mich heute auf den Weg hinunter zur Eschbachtalsperre. Auf den Ohrhörern Filmmusik mit ganz vielen Waldhörnern, Streichern und Chören. Da fühlte ich mich wie Bastian Balthasar Bux, als er anfing, in diesem Buch zu lesen… Die reale Welt um mich herum verschwand und eine andere öffnete ihre Pforten. Wie fast bei jedem meiner Läufe. Ich bin nicht beim Laufen. Ich bin mit meinen Gedanken ganz woanders.

~

Vernunft ist eigentlich zu 80% unvernünftig.

~

Kampf ums Überleben

Nochmal zu Arbeit und Berufsleben: Der Alltag ist heutzutage nicht weniger hart als früher. Damals musste man sich mit Pfeil und Bogen auf die Jagd machen und dabei anderen Mitstreitern tunlichst aus dem Wege gehen, um nicht selbst ein Loch in den Rumpf zu bekommen. Es war echt hart, sich jeden Tag sein Essen selbst zu jagen, es zu zerlegen, zu konservieren und gegen andere Fressfeinde zu verteidigen. Später zog man sich eine Rüstung an und nahm eine Streitaxt oder ein Schwert zu Hilfe. Dann wurde dem Nachbarn die Murmel eingeschlagen, wenn der sich aus Versehen über das eigene Wildschwein hergemacht hatte. Das war aber auch nicht das Gelbe vom Ei. Heute sind Worte Waffen. Mobbing und kleine Sticheleien, die einen zur Weißglut bringen und im alltäglichen Kampf ums Überleben echte Hindernisse darstellen. Jeder kämpft um dieses Mehr und Nochmehr ohne Rücksicht. Das Prinzip "Steter Tropfen höhlt den Stein" ist wirksam genug, jeden Kontrahenten mürbe zu machen, bis er oder sie mit Burnout in der ärztlichen Praxis landet. Ja in der heutigen Zeit geht's genauso rund, wie damals im dunklen Mittelalter. Nur schlimmer. Es ist also hilfreich, gut gewappnet zu sein. Es hilft, sich eine Auszeit zu nehmen. Zum Beispiel im Wald, bei einem Spaziergang oder beim Angeln am See.

Raus aus dem Trott und rein in die absolute Ruhe. Hinlaufen - Anschauen - Durchatmen

Und wie sagte uns damals der ältere Läufer, Herr Schmitz, an der Eschbachtalsperre? „Wenn ich morgens gelaufen bin, kann mich keiner mehr ärgern.“ Diesen Satz des älteren, aber noch sehr fitten Herrn Schmitz, habe ich verinnerlicht.

Den Berg rauf

Da mir zu dieser Zeit jene Route über die Eschbachtalsperre wirklich sehr gut gefiel, machte ich mich regelmäßig in diese Richtung auf den Weg – allerdings auch immer öfter in Gegenrichtung. Man trifft andere Menschen, andere Hunde und andere Rehe. Als ich an einem Tag unten an der Talsperre und Mebusmühle vorbei war und gerade bei den Bordsteinschwalben in ihren Wohnwagen am Freibadparkplatz vorbei lief, überholte mich lächelnd ein Radfahrer auf seinem Mountainbike. Mein Lauf dauerte nun schon achtzehn Kilometer und auf dem Teilstück ab hier geht es nun auf drei Kilometer ungefähr 100 Höhenmeter bergauf. Also fand ich es interessant, mich an den Radfahrer zu hängen und nach gut 100 Metern hatte ich ihn eingeholt. Ich begann ein Gespräch:

Ich: „Na, wie weit geht´s noch?“

Er: „Burscheid, aber ich bin nicht sooo gut im Training“

„Mit dem Rad zur Arbeit finde ich toll“

„Ja – ist das erste Mal. Ich wohne am Struck und ich arbeite bei einer Firma in Burscheid“

„Ach, da laufe ich auch immer vorbei, wenn ich meinen Morgenlauf bis Leverkusen Pattscheid mache“

Stille

„Heute komme ich von Wermelskirchen über die Radtrasse nach Lennep und dann an der Talsperre vorbei bis hierher und zurück“

„Sie trainieren für einen Marathon?“

„Nö – ich laufe nur so zum Spaß. Und meine Frau macht das auch mit dem Hund“

„Nur so zum Spaß?“

„Na ja, wir haben mal damit angefangen, weil wir zu fett waren und jetzt laufen wir einfach jeden Tag weiter“

Erneut Stille (Er schnaufte und hatte einen Dröppel an der Nase).

Ich zog noch ein wenig das Tempo an, bergauf laufe ich eh am liebsten, und er war ja auch gar nicht trainiert, was mir überhaupt eine Chance einbrachte.

„Wir sind gar nicht so langsam den Berg rauf."

„Ja .... schnauf ... mehr geht aber nicht."

„Doch!"

Wieder Stille.

Oben angekommen wünschte ich dem Herrn einen schönen Tag und verabschiedete mich von ihm, denn auf der Geraden hat er eindeutig einen Vorteil mit seinem Rad. Jetzt aber ab nach Hause und auf den letzten drei Kilometern durch die Stadt noch hier und da zum Gruße winken. Diesen Herrn habe ich damals noch öfter mit dem Rad zur Arbeit fahren gesehen, aber unterhalten haben wir uns nie mehr. Ich habe übrigens schon viele Läufer kennengelernt, die es bergauf mit einem Fahrrad aufnehmen können und auch Spaß dabei finden. Also bin ich nicht alleine.

Liste und Haken dran

Also ich weiß nicht, ob Sie das auch so empfinden, aber so manche Dinge muss man im Leben einfach mal gemacht haben. Quasi einen Haken dran machen, wenn's erledigt ist.

- Kreuzfahrt
- Fliegen
- Auf'n Berg wandern
- Urlaub:
    - an der Nordsee
    - an der Ostsee
    - im Süden
    - am Mittelmeer
    - am Atlantik
- Seilbahn fahren
- Geiles Wunschauto haben
- Lange Bahnreise wie im Orient Express
- Zeppelin fahren
- Mit dem Hund laufen
- Kinderwagen beim Laufen schieben

Als ich an Tag 872 meinen Lauf über die Leverkusen-Route machte, kam ich über die Balkantrasse zurück. Vor einer langen Steigung traf ich auf eine joggende Mama mit Kinderwagen vorm Bauch. Sie schaltete gerade am Berg von Laufen auf Gehen. Freundlich, wie ich nun mal bin, und weil mir der Haken an „Kinderwagen beim Laufen schieben“ noch fehlt, bot ich ihr an, den Kinderwagen den Berg rauf zu schieben. Sie lachte nur und dachte wohl: “Der Spinner macht sich lustig und ich quäl’ mich jetzt den Berg rauf”. “Ey, das ist mein Ernst”, sagte ich mit einem Lächeln. “Oh ... na dann, hier ... dann kann ich auch den Berg rauf laufen.” Zack zack, trippel trappel den Berg rauf und zwischendurch natürlich Smalltalk. Hey, so einen Kinderwagen schieben, ist doch toll – da kann ich nicht mal nach vorne kippen beim Laufen. Rubbeldiekatz waren wir den Berg rauf und ich gab das Teil mit dem Jungen drin wieder ab an seine Mama, die sich immer noch wie Bolle freute. Tja, so bin ich. Und jetzt konnte ich auch meinen Haken an „Kinderwagen beim Laufen schieben“ machen.

Wenn Paul mal zu alt ist, dann überlege ich, für ihn einen Kinder-Hundewagen anzuschaffen.

~

Aber dieses Streakrunning ist auch: Ob man will oder nicht, nach Erreichen des selbstgesteckten Ziels, einfach weiter zu laufen.

~

Shine on you crazy diamond

Für Tag 873 standen folgende Dinge fest: Regen, Pink Floyd als zweieinhalbstündiger Radiomitschnitt und die alten grünen Latschen.

Ab Kilometer fünf war ich schon wieder ganz weit weg von Laufen und Anstrengung und trödelte so vor mich hin, während mir die alten Klänge von Floyd in den Schädel dröhnten. Ich summte kräftig mit. Das Grüßen der Passanten funktionierte vollautomatisch und auch die Eichhörnchen waren an dem Punkt angelangt, mich nicht als Gefahr zu sehen, sondern mir wohl eher helfen zu wollen. Ey, so schlecht sehe ich auch nicht aus. Erst bei Kilometer vierzehn kam mir ein Radfahrer entgegen, den ich zwar ansehens von der Balkantrasse kenne, mit dem ich aber noch nie gesprochen hatte. Er wurde langsamer, blieb stehen, ließ mich vorbeilaufen und fuhr dann hinter mir her, um mir wieder diese Frage zu stellen: „Sag mal, wofür trainierst du eigentlich?“ Da war sie wieder, diese Frage, und wieder konnte ich nur antworten: „Ich laufe nur so für mich – ganz ohne Wettkampfambitionen – Ich war mal fett, habe dann mit Sport angefangen und bin dabei geblieben“. Er redete weiter: „Äh ja – toll. Wie? Gar keine Wettbewerbe? Ich war mit der Laufgruppe gerade am Rennsteig und...“ Er erzählte in mein linkes Ohr vom Rennsteiglauf und ich hörte auf dem rechten Ohr noch die Klänge von Floyd und “Wish you were here”. Als er gerade mit den Rennsteiglauf-erzählungen fertig war drehte er um und fuhr wieder in seine eigentliche Richtung. Ab jetzt brabbelte ich wieder mit mir selbst und so vor mich hin:

„Ich glaube, ich trainiere für die Ausdauer eines ewigen Lebens oder so. Irgendwann kommt bestimmt mal so ein Trupp Außerirdischer auf die Erde und die nehmen mich dann von der Straße mit in ihr Raumschiff, bringen mich auf deren Planeten, um dort den anderen Außerirdischen das Laufen ohne Wettkampfambitionen beizubringen. Einfach nur Laufen wegen diesem Bewegungs-dingens und gar nicht für Treppchen, Urkunden oder Medaillen. Ich bin ganz bestimmt der Richtige für diesen Auftrag.

“Shine on, you crazy diamond”

Die Rechnung mit der ISS

An Tag 878 machte ich eine Rechnung auf:

Die Internationale Raumstation ISS ist ein Projekt, zu dem am 28. Mai 2014 der Kölner Astronaut Alexander Gerst mit einer Russischen Rakete hinzustieß. Ein Deutscher Astronaut flog für eine längere Weltraumexpedition vom 28. Mai bis zum 10. November 2014 auf die Internationalen Raumstation. Eine so wahnsinnig tolle Sache und ich mache mir schon beim bloßen Gedanken an einen Raketenstart in die Hose. Dieses Vorhaben wurde an dem Tag live auf folgenden Sendern übertragen:

Start: 21:56 Uhr am 28. Mai, Liveübertragung Docking ab 03:00 Uhr am 29. Mai, Liveübertragung vom Öffnen der Luke ab 05:00 Uhr auf Phoenix, Bayerisches Fernsehen und n-TV. Zudem gab es Livestreams auf: www.dlr.de ab 20:45 Uhr, www.dlr.de/next ab 21:00 Uhr, www.esa.int ab 21:00 Uhr und natürlich bei www.nasa.gov ab 21:00 Uhr.

Wie man an den vielen Übertragungen sehen konnte, gab es ein reges Interesse für dieses Ereignis und den Mann aus unserem Land. Ich verfolgte das damals live und ich war sowas von begeistert. Wahnsinn, mit welcher Geschwindigkeit dieser Metallkoloss durch das Weltall rast. Er befindet sich auf einer Umlaufbahn, vierhundert Kilometer über der Erdoberfläche und rast mit 28.000 Kilometern pro Stunde durchs Weltall. Somit benötigt er für eine Erdumrundung nur schlappe neunzig Minuten. Doch ich würde laut meiner damaligen Berechnung 1.781 Tage dafür benötigen. Alexander Gerst war also schon lange wieder sicher zu Hause auf der Erde, da war ich noch lange Zeit unterwegs.

Letztendlich hatte ich meine Berechnung am Ende aber unterboten und war achtundfünfzig Tage schneller am Ziel, als ich es vorausberechnet hatte.

Der Weg ist das Ziel.

Mein Vater

Am 31. Mai 2014 wäre mein Vater achtzig Jahre alt geworden. Wenn er nicht schon im Alter von sechzig Jahren gestorben wäre. Ein Abgang, welchen man sich vielleicht so wünscht, aber nicht so früh. Beim Witz erzählen – Zack das Herz oder was im Kopf ausgeschaltet und vom Stuhl gefallen. Tot.

1994 im Dezember war das.

Er hat von unserer Änderung des Lebensstils nichts mitbekommen. Das hätte ihm womöglich gefallen und wer weiß, was es in ihm Positives bewirkt hätte. Er und sein früher Tod waren auch ein Grund, weshalb wir versuchen, es anders zu machen. Ich glaube, jeder Mensch braucht solch einschneidende Ereignisse, um etwas verändern zu wollen.

Dass es bei Anja und mir noch 10 Jahre seit dem Tod meines Vaters dauerte, bis wir unser Leben änderten, war der Planungszeit und Vorbereitung geschuldet. Mal eben die entsprechenden finanziellen Mittel auf die sogenannte hohe Kante zu bringen, dauert nun mal seine Zeit.

Es hat funktioniert.

~

Wenn man etwas begonnen hat, muss man nicht zwingend wissen, wann es endet.

~

Sonntagsläufchen

Am 01. Juni 2014 und meinem Tag 882 lud ich wieder eine Gruppe netter Menschen zu uns nach Hause ein. Natürlich nicht nur zum Quasseln, sondern auch zum gemeinsamen Laufen.

Steffen war auch mal wieder dabei, denn für besondere Läufe abseits der alltäglichen Strecken haben wir uns weiterhin verabredet. Er ist noch ein paar Mal mitgelaufen, aber irgendwann ist er von Remscheid nach Odenthal gezogen und dann wurde es still um unsere gemeinsamen Expeditionen.

Da verabredeten sich also über Facebook einige Läufer zum morgendlichen Sonntagsläufchen im Bergischen Land. Sarah, Kerstin, Steffen, Markus, Lukas, Herbert, Oliver und ich.

Und wir liefen mit Gesang raus in die Wälder auf den Spuren der alten Grafen von Berg. Über Stock und Stein durch das hübsche Eifgental zum Altenberger Dom und über Bremen und Dabringhausen zurück nach Wermelskirchen. Pfade, die kaum ein Mensch gesehen und mit großer Wahrscheinlichkeit auch nicht gelaufen ist. Man kann sich das bildlich so vorstellen wie die Zwerge, die mit ihrem Spaten auf dem Rücken über den Pfad zum Bergwerk ziehen.

Es war ein anstrengender Naturlauf, aber auch ein sehr schöner. Knappe neunundzwanzig Kilometer mit über 1.000 Höhenmetern. Es schmerzte und es war dennoch für alle ein gutes Erlebnis. Nach dem Lauf versammelten wir uns dann noch alle bei uns im Wohnzimmer zum gemeinsamen Kalorienauffüllen. Diese Naturläufe in kleinen Gruppen waren und sind für mich immer etwas ganz Besonderes. So hoffe ich, dass ich noch viele solcher Läufe erleben darf.

20.000 Kilometer ohne Pausentag

Tag 888 ohne Pausentag - 20.000 Kilometer

Man kann 10 Kilometer laufen.

Man kann Halbmarathon laufen.

Man kann Marathon laufen.

Man kann Ultramarathon laufen.

Man kann um die Welt laufen.

Die Erde hat einen Umfang von ungefähr 40.000 Kilometern, je nachdem, an welcher Stelle man dieses Ei misst. Am 02.01.2012 machte ich mich auf den Weg, sie virtuell joggend zu umrunden. An Tag 888 hatte ich die Hälfte geschafft. Die Erde ist also keine Scheibe an deren Ende man einfach hinten runter fällt.

Ohne Pausentag. Ohne ernsthafte Krankheiten. Ohne ernsthafte Verletzungen. Immer draußen und nicht auf dem Laufband. Nach 888 Tagen sollte meine Reise nun weiter gehen. Auf die zweite Hälfte. Ich freute mich drauf.

Einfach weiter laufen

Am Tag zuvor war nun ein nicht unwesentlicher „Meilenstein“ in meiner Täglichläufer-Karriere erreicht. Der ein oder andere kennt das ja sicher mit diesem Loch, in welches man nach Erreichen eines Zieles fallen kann. Auch wenn es nur ein Etappenziel ist. Dann geht erstmal nichts mehr. Man ist ausgepowert. Vollkommen platt. Mental unten. Unmotiviert. Mein momentan nächstes Ziel ist so weit weg.

20.000 Laufkilometer und etwas weiter, um genau zu sein.

Und dann? Was mache ich, wenn ich dieses Ziel wieder erreicht habe?

Was soll's, ich muss ja trotzdem weiter. So schnürte ich mir wieder meine Laufschuhe und machte mich auf den Weg nach Lennep.

Mir taten die Füße weh. Ich war müde. Mir war warm.

Aber dieses Streakrunning ist auch…

“Ob man es will oder nicht, nach Erreichen des selbstgesteckten Ziels, einfach weiter zu laufen.”

~

Das ganze Leben ist auch nur ein Streak. Wenn Du dabei allerdings einen Tag faulenzt, bist Du tot.

~

Meine langsame Periode

Tag 922 meines Täglichlaufen-Projekts.

Jeder weiß, dass der Maler Pablo Picasso in seiner Malerei und seiner Schaffenszeit einige Perioden durchlebte.

Die da waren:

- Werk der Jugend (1889–1897)
- Jahre der Orientierung (1898–1901)
- Blaue Periode (1901–1904)
- Rosa Periode (1904–1906)
- Les Demoiselles d'Avignon und période nègre (1907–1908)
- Kubismus (1908–1916)

- Stilistisches Nebeneinander (1916–1924)

- Auseinandersetzung mit dem Surrealismus (1925–1936)

- Guernica (1937)

- und den Spätwerken nach 1945

So wie es ausschaute, hatte ich auch im Juli 2014 mal wieder eine Periode. Eine ganz besondere Periode. Es war scheinbar eine Art „Trägheits-Periode“. Macht ja nix – ist nur eine Sache der Sichtweise.

Damals schrieb Frank M. einen Kommentar zu meinem Blogeintrag: “Apropos, was sagt eine Schnecke, die auf einer Schildkröte sitzt? Huiiiiihhhhh das geht aber schnell.” Und er meinte damit, dass sich doch alles nur relativ darstellt.

Viele Sportler würden sich vermutlich darüber ärgern und verzweifelt versuchen, an allen möglichen Stellschräubchen zu drehen, um wieder schneller und spritziger zu werden. Manch einer würde vielleicht sogar den Sport ganz an den Nagel hängen. Wenn’s nicht läuft, dann sucht man sich halt eine andere Beschäftigung, wie Gartenarbeit oder auf dem Sofa liegen. Das war aber nicht meine Entscheidung. Ich entschied mich, in meiner langsamen Periode zu sein. Das war in diesem

Moment gut so. Denn ich liebe es, die Macht zu haben, so zu laufen, wie es mir gefällt.

Ich habe die Schmerzen getauscht

Verletzungen und Schmerzen sind etwas ganz Normales.

Wenn ich diesen Satz sage und schreibe, dann treffe ich damit bei den meisten Menschen sicher auf Unverständnis. Jedoch habe ich schon vor 2005, also auch in meinem unbewegten Leben überall mal Schmerzen gehabt. Manchmal waren es Rückenschmerzen, mal Kopfschmerzen, Migräne, mal schmerzten die Handgelenke, mal die Füße oder die Hüfte oder es waren einfach Bauchschmerzen.

Sie kennen das: es ist ja immer was.

Als ich dann 2005 mit dem Walking-Sport anfing und später auch mit dem Laufen, da lernte ich ganz andere Schmerzen und auch Verletzungen kennen. Schmerzen durch Überlastung der Muskeln und Gelenke. Dafür verabschiedeten sich nach und nach aber die Schmerzen, welche ich vom Nichtstun kannte.

Hilfe, ich habe die Schmerzen getauscht.

Nur um ein Beispiel zu nennen, möchte ich von meinen Schmerzen durch Fersensporn erzählen. Der Fersensporn ist eine Erkrankung, die durch viele Dinge auftreten kann. Meist ist es aber Überlastung oder eine dauerhafte Fehlhaltung. Dann geht, vereinfacht gesagt, zum Beispiel etwas an der Achillessehne oder den Ansätzen der Sehne kaputt. Der Körper versucht diesen Schaden zu reparieren, kann das aber auf Grund der immer wiederkehrenden Belastung nicht so richtig und baut dann diesen Sporn aus Kalkablagerungen an Stellen, wo er stört und zu schmerzhaften Entzündungen im Gewebe führen kann. Das schmerzt sehr.

Meinen ersten entzündeten Sporn hatte ich schon während meiner Nordic-Walking-Zeit an der Eschbachtalsperre 2005. Nicht mehr sporteln war damals keine Option. Ich wollte den Neubeginn meines Lebens nicht direkt wieder beenden. Das wäre zu normal gewesen. Zum Arzt wollte ich auch nicht damit, weil der mir eh den Sport verboten hätte. Diese ganzen Gummieinlagen zeigten alle keine positive Wirkung. Meine Lösung für das Problem war. Tataaaa: Ich legte mir, halten Sie sich fest, Papiertaschentücher passgenau in meine Walkingschuhe. Ja wirklich. Ich faltete die Taschentücher und feuchtete sie leicht an, dann probierte ich so lange herum, bis das Auftreten keine Schmerzen mehr verursachte. Irgendwann waren die Schmerzen wieder weg.

Anja hatte 2009 Beschwerden mit einem Fersensporn und bekam Schmerzmittel, Cortison, eine Stoßwellentherapie vom Arzt und sogar Einlagen angepasst. Bei ihr dauerte es ähnlich lange wie bei mir mit Papiertaschentüchern, bis sie wieder einigermaßen schmerzfrei war. Deshalb verordneten wir uns beim nächsten Auftreten dieser Problematik die Balschuweitsche Eigentherapie. Bei Anja war es dann 2010 auf der anderen Seite soweit und bei mir ist die Entzündung in 2014 wieder aufgetaucht. Auch am anderen Fuß. Und da wir beide jetzt schon geübte Fersensporn-Therapeuten waren, haben wir uns auf unsere eigenen Ratschläge verlassen. Ich bin damals einfach weiter gelaufen. Es schmerzte, aber ich wusste genau, dass es irgendwann wieder aufhören würde. In dieser Zeit habe ich unterwegs viele Fotos gemacht und auch viel Eigenmotivation gebraucht. Das war nicht immer einfach, aber immer machbar.

Bis Tag 953 im August 2014 lief ich lange Zeit am Tag fünfundzwanzig Kilometer und machte ja zusätzlich am Nachmittag immer noch die Wanderung mit zehn oder mehr Kilometern Länge. Aber seit einigen Tagen und Wochen redete Anja auf mich ein, diese Laufstrecken nicht ständig zu verlängern.

So sollte es dann auch sein und ich entschied mich, das Laufen am Morgen auf zweiundzwanzig Kilometer zu verkürzen. Alleine schon, um ihrem Wunsch etwas entgegenzukommen und früher zu Hause einzulaufen. Um der Abheilung meiner schmerzhaften Fersensporn-Symptome noch etwas Vorschub zu geben, wechselte ich auch ab dem 26. August 2014 wieder mein Laufgebiet. Ich kehrte zurück an den Beginn meiner Sportlerkarriere, an die Eschbachtalsperre. Auf dem relativ weichen Boden dort lief ich ein wenig besser. In dieser Zeit und bis auf Weiteres drehte ich dort Morgen für Morgen meine vielen Runden auf dem unteren oder oberen Weg ums Wasser. Ich lief also nicht zur Talsperre, sondern ich fuhr wie die vielen anderen Sportler mit dem Auto zum Sport. Das war ganz und gar gegen meine Überzeugung, aber für mich aufgrund meiner Schmerzsituation vertretbar. Dies sollte jetzt erst mal für eine Zeit so bleiben, denn mein Fersensporn sollte ausheilen und außerdem traf ich dort jeden Tag andere Läufer und knüpfte so wieder neue Kontakte. Etwas sehr Wichtiges, wie ich finde, wenn man täglich auf diesen langen Strecken unterwegs ist.

Die verlorene Krone

An der Eschbachtalsperre sind einige seltsame Dinge geschehen. Ich erzähle mal die Geschichte von der verlorenen Krone.

Es war einmal ein kleiner Junge, der beim Toben mit seinem Papa im Salzwasser der Claudius Therme in Köln eine klitzekleine Ecke seines vorderen rechten Schneidezahns verlor.

Der kleine Junge hat das nie beim Zahnarzt reparieren lassen, weil das ja cool aussah, mit der Ecke ab.

Viele Jahre später befand sich der Junge mit seiner Abschlussklasse der Realschule auf Abschlussfahrt nach Brixen in Südtirol. Leider hatte der Junge just zu dieser Zeit durch einen unfreiwilligen Bruch beim Fußball einen Fuß in Gips und war gezwungen, diese Klassenfahrt im Rollstuhl und mit Krücken zu bewerkstelligen. Aber es stand um ihn gar nicht so schlimm, denn er bekam zwei echte Kumpels, die sich um ihn kümmerten, zur Seite gestellt. Das waren Jürgen und Michael, der damals als Punk sein Unwesen trieb. An einem Tag machten sie mit der Klasse einen Ausflug zum Misurinasee und ich, der Junge, saß in Begleitung meiner Kumpels in dem Rolli rum, den gebrochenen Fuß vorausgestreckt und die Krücken über dem Schoß liegend. Als wir so um den See rollten, begegnete uns ein älteres Ehepaar, welches sich über den Punk in unserer Dreiergruppe amüsierte. Das passte dem Punk nicht und er verhielt sich, wie es sich für einen echten Punk in diesem Moment gehört. Er ließ seine Hosen runter und zeigte dem älteren Ehepaar seinen nackten Hintern. Das wieder führte zum allgemeinen Gelächter meiner Truppe und niemand gab Obacht, was mit mir in meinem Rolli passierte. Ich rollte nämlich ganz langsam am Hang des Sees in Richtung Ufer und versuchte irgendwie, dieses Teil zum Stehen zu bringen. Also griff ich als letzte Möglichkeit in die seitlichen Bremsen des Rollstuhls und schlug dabei mit der Hand auf die Krücken, welche sich ja auf meinem Schoß befanden. Na ja und dabei erwischte ich die eine Krücke so, dass sie mir direkt und ohne Vorwarnung meinen schon als Kind leicht lädierten Schneidezahn ausschlug. Der Zahn war mir also gezogen. Alle außer mir hatten einen Riesenspaß. Ich fand mich dann bei einem fließend italienisch, aber nur mäßig englisch sprechenden Zahnarzt in Cortina d'Ampezzo auf seinem in einer Küche befindlichen Behandlungsstuhl wieder. Das war nix Halbes und nix Ganzes, aber er hat die Grundversorgung erstklassig gemacht, was mir später, als ich eine Krone eingesetzt bekam von meiner damaligen Zahnärztin, bestätigt wurde. Ja und genau diese Krone verlor ich am 29. September 2007 in den Wäldern an der

Remscheider-Talsperre und fand sie auch nie wieder. Ich benötigte also eine neue Krone und bekam diese dann auch am 08. November 2007. Aber trotzdem gab ich die Suche nach der damals verlorenen Krone niemals auf. Irgendwo liegt jetzt Gold in den Wäldern um die Remscheider Eschbachtalsperre. Wer es findet, darf es behalten.

~

Alles wird gut. Das wird es nämlich immer! Es ist nur nie sicher, wie gut es wird. Ob gut, guter oder am gutesten.

~

Läuferin der besonderen Art

In diesem Laufgebiet um die Eschbachtalsperre gab es auch noch eine Läuferin der besonderen Art. Als ich sie das erste mal im Vorbeilaufen traf, grüßte ich freundlich wie immer. Sie jedoch starrte mich nur an und sagte nichts. Das muss irgendwann im Februar oder März 2014 gewesen sein.

Ich sah sie immer wieder mal und ihr Verhalten änderte sich nicht. Starrer Blick geradeaus und keine Regung. Bis sie Ende Mai meinem Lächeln wohl nicht mehr widerstehen konnte und ganz leicht die Mundwinkel verzog. Aber wirklich nur ganz leicht. Dennoch kein Ton.

An einigen Tagen lief sie mit Lockenwicklern in den Haaren und an manchen Regentagen mit einem aufgespannten Regenschirm wie Mary Poppins in den Kinderbüchern von Pamela Lynwood Travers. Immer noch sprachlos, so dass ich langsam die Befürchtung hatte, dass sie stumm oder gar taubstumm sei. Oder einfach verrückt, wie die anderen Läufer an der Talsperre von ihr behaupteten.

Manchmal lief sie einfach quer durch den Eschbach, wenn ihr jemand entgegen kam, oder drehte einfach um und lief zickzack hinter einem her. An einem Tag machte sie das bei mir und lief von hinten an mich heran. Als ich so bei Kilometer sechs war, schnaufte sie von hinten an mich heran und überholte mich. Jetzt oder nie, dachte ich mir und hängte mich an sie. Zwei Meter hinter ihr den Berg hinauf. Den Abstand hielt ich immer gleich und sie bemerkte natürlich, dass ich hinter ihr her war. Dann setzte ich zum ersten Überholversuch an und da passierte es: Sie lief mir absichtlich in den Weg, um mir keine Möglichkeit zu lassen, an ihr vorbeizurennen. Hey, die läuft verdammt schnell – dachte ich mir und versuchte es auf der anderen Seite. Wieder lief sie mir genau in die Spur. Dann trat ich aber mal richtig auf's Gaspedal – täuschte links an und rannte rechts neben sie. Jetzt nahm sie den Ellenbogen zu Hilfe, um mich ja nicht an sich vorbei zu lassen. Das Gleiche versuchte ich auf der anderen Seite, wobei wir von Ute und Anna beobachtet wurden, die gerade mit dem Hund spazieren gingen. Sie ließ mich auf Biegen und Brechen nicht an sich vorbei. Als wir dann nach guten drei Kilometern die Staumauer erreichten rief ich ihr zu: “Hey Danke, dass du mit mir um die Wette gelaufen bist – hat Spaß gemacht und war sehr erfrischend.” Sie antwortete auch etwas, aber ich habe es nicht verstanden. Es klang aber so ähnlich wie „Bon Voyage“. Jetzt ist aber sicher – SIE KANN SPRECHEN. Nun verabschiedete ich mich von ihr und wünschte ihr noch einen schönen Tag, denn ihr Lauf war hier zu Ende. Ich lief noch eine Runde alleine und traf dann auf Armin und Heike mit denen ich dann deren Frühsportrunde gemeinsam machte. Den Wettkampf mit der „Bekloppten“ habe ich dank ihrer Ellenbogen jedenfalls verloren.

Etwas später im Monat versuchte ich, ihr jeden Morgen in einer anderen Sprache einen guten Morgen zu wünschen. Dazu suchte ich am Vorabend jeweils die Worte “Guten Morgen” in anderen Sprachen im Internet und lernte sie auswendig. Nichts half bis Ende Oktober 2014, denn da wollte ich meinen letzten Versuch starten, aus ihr einen guten Morgen zu entlocken. Wie immer grüßte ich freundlich. An dem Tag bulgarisch für „SIE". Es wird „dobro utro" geschrieben und ausgesprochen. Wie immer keine Antwort. Ich schob noch ein "Guten Morgen" hinterher, aber auch darauf keine Reaktion. Also lief ich weiter. Auf der zweiten Runde, bisher war noch kein weiterer Sportler an der Sperre zu sehen, traf ich „SIE" erneut. Sah „SIE" schon von weitem, wie „SIE" von der rechten Seite des Weges auf die linke Seite wechselte. Das machte ich auch. „SIE" wechselte erneut. Ich auch. Und noch einmal kurz bevor wir uns begegneten und dann ist es passiert. „SIE" grinst mich an. Lächelt förmlich, während „SIE" an mir vorbei läuft, und schaut mich an. Ich laufe ein paar Schritte weiter, aber drehe mich um und rufe ihr hinterher. "Hey - Sprichst Du auch?" „SIE" dreht sich um – lächelt und sagt "Hin und wieder ... Ja".

In dem Moment hätte es mich beinahe hingeschmissen. Ich rief ihr dann noch zu, dass ich das echt toll fände und wünschte ihr noch einen schönen Tag. So! Sie ist also definitiv nicht taubstumm und kann sogar lächeln. Ab sofort beendete ich mein „Guten-Morgen-Sprachen-Programm" und blieb beim einfachen guten Morgen, wenn wir uns trafen. Sie war halt eine Läuferin der besonderen Art. Ich habe sie noch einige Male getroffen, aber irgendwann habe ich mein Laufgebiet wieder geändert und seither sind wir uns nicht mehr begegnet.

Tag 999 mit Reinhard

Abschied von der Dreistelligkeit. Mein Lauftag 999 am 26. September 2014

Das war dann also mein Abschiedslauf von der Dreistelligkeit. Ab morgen geht's dann vierstellig weiter. Ich freute mich drauf. Aber erst mal die Nummer 999 laufen. Da sich kein anderer Laufpartner fand, lief ich heute mit Reinhard. Reinhard nehme ich selten mit, aber ab und zu finde ich seine Geschichten ganz gut, die er mir unterwegs erzählt. Wir sind um fünf vor halb sieben gestartet und er war pünktlich.

Schon auf den ersten Schritten begann er zu erzählen. Seine Stimme klang fürchterlich nach Wein und Rauch, so als ob er gestern stark gefeiert hätte. Er erzählte erst von seinem fast verpatzen Date mit Christine, mit der er am Freitag, den 13. verabredet war und sich an dem Tag so dermaßen verhaspelt hatte. Er wurde aufgrund seiner Verwirrtheit und weil er direkt morgens über seinen Dackel gestolpert war, sogar von der Polizei verhaftet. Wie furchtbar… Als er mit der Geschichte fertig war, erzählte er von einer Jagdgesellschaft, die er neulich kennengelernt hatte, und was alles an diesem Tag passierte. Da wurde sogar ein Außenminister erschossen – aus Versehen, versteht sich. Also ehrlich, dem passieren Sachen.

Als er gerade beim Schießen war, schweifte er ab zu einem seiner Kumpels, den sie den Pfeifer nannten. Er war wohl Cowboy und bestritt seinen Lebensunterhalt mit dem Morden gegen Bezahlung. Allerdings war er wohl nicht die hellste Kerze auf der Torte, denn er ließ sich von einem Banker hinters Licht führen. In dem Moment machte ich mir schon Gedanken, mit wem ich hier durch die Wälder laufe – mit Stirnlampe in völliger Dunkelheit. Er schob direkt eine Schauergeschichte hinterher, in der man eigentlich den Gärtner als Mörder vermutete. War er aber nicht. Es war der Butler. Irgendwie kamen wir dann aber auf das Thema Essen und gesunde Ernährung. Natürlich kannte Reinhard auch zu diesem Thema eine Anekdote. Er schilderte sehr bildreich eine Schlacht am kalten Buffet. Wie sich die Menschen an der Übertreibung ergötzen und dennoch am „vermeintlich" guten Ende eine Spende an Brot für die Welt stifteten. Aber nur 10%. Der Reinhard ist einer, der sich mit allem auskennt und er war immer spontan. Früher tat er vieles fröhlich, aber unüberlegt und mit Spaß. Bis Annabelle ins Spiel kam, seine Freundin. Sie hat seine ganze Rosa-Brille-Einstellung zerstört. Ob er jetzt damit zufrieden ist? Und schließlich sprachen wir noch über unsere Berufe. Ich bin ja Vermögensberater und glaube, dass dieser Beruf mehr und mehr an Notwendigkeit gewinnt. Er ist Klempner von Beruf und ich denke, dass auch sein Beruf immer gebraucht werden wird. Nachdem er mir schilderte, wie er mit Reklamationen umgeht, ist mir das klar! Von der Arbeit kommt man auch schnell zum Thema Urlaub. Ich fliege schon seit vielen Jahren nicht mehr, weil ich schlicht Angst vorm Fliegen habe. Bin eben kein Vogel und habe auch keinen. Sag einem Vogel mal, er solle 1.000 Tage hintereinander über zweinundzwanzig Kilometer zu Fuß laufen. Das macht der auch nicht. Also. Reinhard schwärmte aber von dem tollen Gefühl über den Wolken. "Alle Ängste und Sorgen blieben darunter verborgen" – sagt Reinhard. So kamen wir dann zum Thema Behörden und wenn die was von einem wollen. Zum Beispiel ein bestimmtes Formular. Er brauchte neulich einen Antrag auf Erteilung eines Antragsformulars. Das war ein Zauber. Aber das Problem löste sich ganz von alleine. Seine Suche nach dem Zettel dauerte so lange, dass das Formular mittlerweile gar nicht mehr benötigt wurde. So ist das und wer es da wirklich gut hat, ist sein Hund. Das sagt auch Reinhard. Es gibt Tage, da wünschte er sich, er wäre sein eigener Hund. In dem Punkt waren wir beim heutigen Lauf wirklich einer Meinung!

Ach wir hatten noch so einige Themen drauf. Reinhard hat schon viel erlebt und erzählt das gerne. Es klingt aus seinem Munde auch sehr melodisch und ich höre ihm gerne zu. Heute immer noch. Dann trafen wir auf Armin, der auch seine Morgenrunde drehte. Armin kennt Reinhard auch, aber er ist noch nie mit ihm gelaufen. Kurze Zeit später waren wir auch schon fertig. Sehr angenehm – gerne wieder.

Tag 999 im Täglichlaufen war geschafft und am folgenden Tag sollte ein Festtag sein.

1.000 Tage - Jeden verdammten Tag

27. September 2014. Jeden verdammten Tag dieser vergangenen 1.000 Tage. Damals gingen mir die folgenden Gedanken durch den Kopf:

Jetzt bin ich in den letzten 1.000 Tagen jeden Tag gelaufen, war nicht einen Tag ernsthaft krank, war nicht einen Tag ernsthaft verletzt, war nicht einen Tag ernsthaft um Ausreden bemüht, bin einfach jeden Morgen losgelaufen und zusätzlich am Nachmittag gewandert.

Die letzten 1.000 Tage waren 22.669 Kilometer Joggen mit 258.403 Höhenmetern und 6.461 km Wandern mit 157.371 Höhenmetern. Also 29.130 Kilometer zu Fuß oder neunundzwanzig Kilometer im Durchschnitt am Tag. Ich bin also ganz gut rum gekommen. Und jetzt? Natürlich ist das nur ein Zwischenziel auf meinem virtuellen Weg um die Welt.

Aber ich denke immer daran. Und dann? Ach ich mache einfach so weiter... Jeden verdammten Tag.

Ich musste meinen Jubiläumslauf auch nicht alleine absolvieren. Zu meiner Überraschung waren Sven, John, Oliver, Martin, Arndt, Herbert und Stefan da, um mich über die Grenze zu tragen und den Kuchen hinterher zu essen. Geil, diese Jungs.

Es war vollbracht. Und es war ein super Gefühl.

~

Mein Laufen ist mittlerweile Meditation.

~

Tag 1001

Ich war wirklich noch sehr gerührt und überrascht, wie viele Sportsfreunde mir zu meinem 1.000. Lauf in Folge persönlich und über das Web gratuliert haben. Ganz besonders toll fand ich die kurze Rede, die Oliver direkt nach dem Lauf sprach, als er mir diesen Pokal mit der Aufschrift "Lutz Balschuweit – jeden verdammten Tag" überreichte und mir verdeutlichte, dass er durch mich oft dazu animiert wird, doch noch zu laufen, anstatt es nicht zu tun. Das war schöner als eine Geburtstagsfeier. Und mit den Gedanken an den Vortag zog ich wieder meine Laufschuhe an und die Stirnlampe auf, um meine Runden an der Talsperre zu drehen.

Drei Jahre ohne Pausentag

Der 01. Januar 2015 war mein Streaktag 1.096 und wieder war ein Jahr Geschichte. Mein drittes Jahr als Täglichläufer oder Streakrunner in Folge. Ich bin im Jahr 2014 ganze 8.730 Kilometer gejoggt. Zusätzlich war ich auch noch 4.110 Kilometer wandern. Mit dem Rad war ich nur einige, nicht erwähnenswerte, kurze Strecken unterwegs. Letztendlich war es trotz Fersensporns ein für mich erfolgreiches Sportjahr, in dem ich auf meinen Strecken mit vielen anderen Sportlern ganz tolle Gespräche geführt hatte. Seit dem 02. Januar 2012 war ich nun jeden Tag gelaufen und hatte eine Strecke von 24.962 Kilometern joggend zurückgelegt.

Es war für mich zu diesem Zeitpunkt immer noch sehr schwer vorstellbar, welche Entfernungen ein Mensch so unbeschadet zurücklegen kann, wenn er die bewegungsintensiven Zeiten, die bewegungsarmen Zeiten und die Ruhezeiten sinnvoll dosiert und den Körper wieder an die natürlichste Form der Fortbewegung heranführt. Nicht wissenschaftlich. Das könnte ich gar nicht. Ich bin dafür zu einfach gestrickt. Entweder mache ich etwas oder ich mache es nicht. Die Umstände sind dabei so ziemlich egal. Also nicht ganz egal, aber doch so egal, dass ich trotzdem weiter mache mit meinem Vorhaben. Ich fluche dann, wenn mir etwas nicht passt, statt zu singen. Aber aufgeben beziehungsweise abbrechen würde in mir einen inneren Weltkrieg auslösen, bei dem die gesamte Welt in einem Inferno untergehen würde. Ich kann und will einfach nicht aufgeben. Dabei kenne ich meinen Körper durch die Lauferei und Wanderei wirklich gut und weiß, was der aushalten kann bzw. wann ich besser aufpasse. Und bisher war es hinterher immer gut.

Eigentlich reicht eine Meile

Am 17. Januar 2015 und somit dem Tag 1.112 meines Täglichlaufenprojektes meldete ich mich krank, so wie es sich nach meiner Art und Weise ziemt. Ich fühlte mich nicht soooo gut. Eine Erkältung hatte mich nach langer Zeit mal wieder heimgesucht. Nur eine einfache Erkältung mit Schnupfen, dusseligem Kopf, zeitweise leichter Übelkeit und absoluter Kraftlosigkeit. Eigentlich bleibe ich von so etwas immer verschont und habe zwar schon mal Schnupfen oder Husten, aber nicht so wie jetzt. Schon am Abend vorher ging ich mit einem zusätzlichen Pullover und Socken ins Bett, weil mir einfach nicht warm werden wollte.

An diesem Morgen spielte ich sogar mit dem Gedanken, nur die erforderliche eine Meile (1,6 km) zu laufen und mich dann sofort wieder ins Bett zu legen. Das war nicht normal – also für mich nicht. Ich machte mich aber dann doch auf in Richtung meiner Laufstrecke, nahm sogar Musik von Supertramp zur Stimmungsaufhellung mit und fing an mit dem üblichen ersten Schritt. Trippel Trappel, langsam. Dann war rasch die erste Meile gelaufen und ich fühlte mich nicht schlechter, aber wusste schon zu Beginn, dass das heute seit sehr langer Zeit mal kein Halbmarathon wird. Mein Körper versagte mir den üblichen Dienst und die sonst so tolle Musik von Supertramp fand ich schlecht. Eine kleine Runde um die Talsperre sind drei Kilometer und ich lief erst eine, dann die zweite, eine dritte und auch noch eine vierte Runde, bevor ich dann doch aufgab.

Für Nicht-Täglichläufer ist so ein Verhalten sicher nicht zu verstehen. Ich hatte keine Angst, denn nichts ist ohne Risiko. Doch wenn man jeden Tag so viel läuft, wie ich es mache, dann spürt man wirklich ganz genau, bis wohin es geht und wo die Grenzen sind, die nicht überschritten werden sollten. Nur vom Gefühl her lohnt sich das Umziehen für diese vier Runden eigentlich nicht. Es ist schon verrückt, an was man sich so gewöhnen kann. Anja hatte ich übrigens auch schon angesteckt. Sie hatte schon ein wenig Halsschmerzen.

Tags darauf bin ich dann wieder meine normale Strecke gelaufen. Zwar ungewohnt langsam, aber dennoch mit einem wirklich guten Körpergefühl. Vielleicht wegen des leichten Schneefalls und der Temperatur leicht unter dem Gefrierpunkt. Wie immer hielten mich alle für verrückt.

~

Schnee ist Regen mit Tourette-Syndrom.

~

Ich mag keinen Winter

Habe ich schon einmal erzählt, dass ich Winter in unseren Breitengraden nicht mag? Das hat drei ganz einfache Gründe. Schnee, Matsch und Eis.

Spaß beiseite. In den letzten Jahren hatte es hier im Bergischen Land eher wenig geschneit. Und wenn es dann doch mal Schnee gab, dann hat sich kaum jemand ums Schneeschieben auf den Gehwegen gekümmert. Zumindest nicht am frühen Morgen. Also lag erst mal Schnee auf glatten

Gehwegplatten und kurze Zeit später wurde das hier immer zu Matsch.

Ok, damit könnte man noch gut leben, aber meist liegen die Temperaturen ja um den Gefrierpunkt und da friert der Matsch zu Eis. Das ist dann wieder vollkommen ungeeignet, um sicher darauf laufen zu können. Selbst mit Spikes unter den Laufschuhen ist es auf diesem pickeligen Eisuntergrund ein furchtbares Herumgestakse. Kein fester Auftritt und kaum Grip. Immer die Gefahr auszurutschen. Nein. Jedes Jahr aufs Neue hoffen wir darauf, dass der Winter mit der weißen Pracht hier an uns vorbeigeht und sich dort aufhält, wo er hingehört. In den Wintersportorten.

Zum Glück haben wir noch viele andere Dinge, mit denen wir uns befassen können.

Auch im Winter.

Ich - Laufclown

In unserem Einstiegslaufgebiet, der Eschbachtalsperre, haben wir schon so manch anderen Sportler kennengelernt. Ob es Annelie und Wilfried waren, die bis heute noch immer mit den Nordic-Walking-Stöcken um die Sperre gehen, oder meine damaligen Laufgefährten für so manche Kilometer dort, Heike, Armin und Achim. Es gab noch viele mehr, die ich hier jetzt nicht alle aufzählen möchte, und es gab auch noch Löckchen.

Eigentlich waren immer alle recht freundlich mit einem lustigen "Hallo" oder "Moin Moin" und vielleicht noch mit einem "Schönen Tag" auf den Lippen. Alles sehr nette Menschen. Bis auf einen. Diesen Herrn, dem wir bislang vergeblich eine Freundlichkeit zu entlocken versucht hatten. Dieser Mensch konnte einfach nicht die Tageszeit sagen. Wir nannten ihn seit damals "Löckchen", wegen seiner Haarpracht. Löckchen läuft mit Hund, also Hund läuft vor und Löckchen hinterher oder andersrum. So kennt man ihn dort an der Eschbachtalsperre. Er grüßt nicht. Nie. Immer wieder traf ich ihn auf einer meiner Morgenrunden um die Talsperre. Er lief damals immer von Bergisch-Born zur Sperre runter, eine Runde unten ums Wasser und wieder den Berg hinauf zum Born. Nicht, dass ich ihn gestalkt hätte, so etwas liegt mir fern, aber egal, wie ich ums Wasser herum gelaufen bin, oder ob ich vom Born runter oder zum Born hinauf gelaufen bin, irgendwo traf ich ihn und seinen Hund immer. Und dann musste ich einfach freundlich grüßen. Und mein Morgengruß wurde immer freundlicher. Ich denke, das hat ihn irgendwie aufgeregt. Denn ab und zu grinste er mich so übertrieben an, zeigte er mir extrem seine Zähne und schnitt Grimassen. Nett. Doch wenn es morgens noch richtig finster war, dann hatte er nur eine kleine Taschenlampe in der Hand und keine Stirnlampe. Dann konnte ich seine Grimassen nicht sehen, weil ich meinen Blick immer abwende, wenn mir in der Dunkelheit jemand begegnet. Damit ich mit meiner Stirnlampe nicht blende. Mit der Zeit hat mir eine Läuferin auch mal seinen Namen geflüstert und so konnte ich ihn dann auch morgens höflicherweise mit Namen begrüßen. Ich finde sowas anständig. Aber es muss ihm wirklich auf den Geist gegangen sein, mich immer wieder auf der Laufstrecke zu treffen. Manchmal auf der Balkantrasse, manchmal an der Talsperre und manchmal auf einem der Wege dorthin. Gleich zu Beginn unseres heutigen Treffens begrüßte ich ihn natürlich wieder gewohnt freundlich.

An Tag 1.220 meines Täglichlaufenprojekts, dem 5. Mai 2015 kam er wieder vom Born den Weg hinunter und wir liefen gute fünfzehn Sekunden nebeneinander her. Er schaute mich nach meiner freundlichen Begrüßung wieder mit einem abwertenden Blick an und sagte: “Glotz mich nicht so blöd an”, worauf ich ihm dann die Frage stellte, warum er denn immer so aggressiv sei und das so früh am Morgen… Seine Antwort: “Weil ich deine dumme Fresse nicht mehr sehen kann – du Laufclown.” Na ja, ich werde aber weiterhin freundlich zu Dir sein, egal wie mies Du drauf bist. Alleine, weil sich das so gehört. Schönen Tag noch.

Und dann ließ ich ihn ziehen. Bis zum nächsten Treffen mit dem Laufclown.

Hauptsächliche Nebensachen

Dafür statt dagegen.

Die Hauptsache war ja die Gesundheit. Aber es waren ja nicht nur Hauptsachen dafür verantwortlich, dass ich dieses Täglichlaufen mit diesen Umfängen hinbekommen habe.

Nachdem ich nun schon in meinem vierten Jahr täglich lief, reflektierte ich noch einmal, welche hauptsächlichen Nebensachen dabei für mich sehr wichtig waren. Da waren natürlich die immer wieder wechselnden Laufbegleitungen an erster Stelle. Das war die wichtigste Nebensache. Und die zweitwichtigste Nebensache war, etwas auf die Ohren zu bekommen. Also nicht immer, aber doch so manchen Tag. Mein Ohrgeräuscherepertoir reicht von allen möglichen Formen von Musik, etwa aus den Charts, Songs aus den 50er, 60er, 70er, 80er 90er Jahren und auch aus der Neuzeit. Manchmal ist es Klassik, häufig Filmmusik. Nie ist es Jazz oder Punk oder experimentelle Musik. Bis hin zu Hörspielen, Hörbüchern oder meinen Favoriten, den wissenschaftlichen Podcasts, höre ich unterwegs alles.

Ich glaube, ohne die Konzentration auf etwas ganz anderes als das Laufen würde ich nicht mehr laufen. Ich sage immer wieder “Das Hirn muss weg vom Fuß.” Die Bildung über die Ohrhörer während eines zweieinhalbstündigen Morgenlaufs, etwa über Sozialsysteme, Gesundheitssysteme, Glaubensrichtungen, politische Verhältnisse, über Weltraumforschung, Medizin, Psychologie oder sogar Motivationsformen, macht mich nicht dümmer und hilft mir, auch im Alltag viele Dinge besser einzuordnen und auch anders zu gewichten. Ich bin mir nicht sicher, ob man tatsächlich während des Sports eine höhere Aufnahmefähigkeit entwickelt, aber ich empfinde das so. Auf jeden Fall stärkte mich diese Art des Kenntniserwerbs im Frühjahr 2015 für viele Diskussionen mit sozialkritischen Menschen, Fremdenfeinden und Sportlern, welche speziell Muslime und Flüchtlinge nicht mochten und so manchen Spruch abließen, der arg unter die Gürtellinie traf. Es war für mich gar nicht so einfach, mich gegen den Sog dieser menschenablehnenden Haltung zu wehren.

Damals machte ich mir Gedanken darüber, ob ich zum Stoiker werde. Ich musste mehr und mehr emotionale Selbstbeherrschung ausüben. Die Menge an negativen Informationen und Nachrichten aus der Welt machten das meiner Meinung nach erforderlich, um nicht durchzudrehen oder überzuschnappen. Ich wollte nämlich nicht in die Anstalt, nur weil die Menschheit so dermaßen bescheuert mit sich, der Natur und der Welt umgeht.

Es war mal wieder an der Zeit, etwas zu tun.

Nicht gegen alles - sondern im Gegenteil - dafür.

~

Bisher war es hinterher immer gut.

~

Die Suche nach neuen Aufgaben

Unsere Lebensveränderung machte sich langsam bemerkbar. Mir war eben nicht mehr alles egal, was nicht mit meiner Firma zu tun hatte. Für mich zählte also nicht mehr nur der Erfolg meines Unternehmens. Nein, wir wollten uns stärker sozial engagieren und nicht zu denen gehören, die an allem und jedem etwas auszusetzen haben, aber nichts dagegen tun. Sollen doch andere ewig schlecht gelaunt sein. Was wir im einzelnen suchten, das war uns zu diesem Zeitpunkt im Juni 2015 noch nicht klar. Aber wir waren auf der Suche.

Anja und ich trafen uns erst mit wenigen und später mit immer mehr Menschen im zentralen Eiscafé unserer Kleinstadt, dem Eiscafé Cordella.

Immer um die Mittagszeit berieten wir uns dort mit einigen Gleichgesinnten über unterschiedliche Möglichkeiten, etwas für die Stadt und die Menschen hier zu tun. Sei es durch Überlegungen, die man dann gegebenenfalls der Politik vorschlagen könnte, oder die Einführung eines Internetportals zur Verknüpfung verschiedenster Angebote in der Stadt. Dazu gehörten anfangs nur Dirk, Wolfgang, Anja und ich. Schnell wurden es mehr. Es waren Treffen mit Brainstorming und dadurch lernten Anja und ich einige neue Leute kennen. Und diese Leute lernten uns kennen. Menschen aus unserer Stadt, die uns bisher völlig unbekannt waren. Dabei ist Wermelskirchen nur eine Kleinstadt mit etwas über 30.000 Einwohnern.

Im September 2015 wurde ein neuer Bürgermeister gewählt und dadurch gab es in den Monaten davor auch etwas mehr gedankliche und thematische Bewegung in der Stadt mit der Möglichkeit, Diskussionen anzustoßen und Probleme ins Gespräch zu bringen. Eine spannende Zeit war das. Doch es sollte noch viel spannender werden. Und es sollten neue Aufgaben auf uns zukommen, von denen wir vorher niemals zu träumen gewagt hätten.

Angriff

Der 19. September 2015 und Tag 1.265 meines Täglichlaufenprojekts startete mit einem regnerischen Morgen. Also erstmal eine Runde über den oberen Weg der Talsperre laufen und dann rauf zur Trecknase, über die Balkantrasse nach Bergisch-Born und wieder in den Wald rein. Vorher noch rasch ein Foto von den hübsch herumliegenden Heuballen gemacht, die wie Möbelrollen einfach rumlagen.

Kaum im Wald wollte ich eigentlich mal kurz austreten, doch da bekam ich einen heftigen Schlag auf den Kopf. Ich taumelte etwas – war benommen – stürzte aber nicht. Das war ein wirklich derber Schlag. Vor allem, weil er so unvermittelt kam. Mein erster Gedanke ging in die Richtung: Das war bestimmt der Läufer mit einem Knüppel, der mich letztens Laufclown nannte und immer solche Grimassen schnitt, wenn er mich sah. Ich schaute mich um, aber es war weit und breit niemand zu sehen. Dann dachte ich: Ok, mir ist dann wohl ein Ast auf den Kopf gefallen. Zumal mir auch mein grünes Bandana halb ins Gesicht gerutscht war. Ich fasste also oben auf meinen Kopf und zog das Bandana wieder gerade auf den Kopf. Dabei bemerkte ich, dass ich blutete und mein Laufshirt und meine linke Hand voller

Blutspritzer waren. Während ich darüber noch nachdachte, lief ich weiter und, zack, bekam ich den nächsten Schlag auf den Kopf. Wieder war nichts zu sehen. Ich hielt inne, schaute mich abermals um und dann sah ich ihn: Das gibts doch nicht. Ich traute meinen Augen nicht. Da saß er auf seinem Ast und glotzte mich blutenden, bunten Läufer unten auf dem Weg an. Dieser riesige Bussard, der vermutlich nur seine Brut schützen wollte. Aber doch nicht vor mir. Ich schrie ihn an, ob er noch alle Latten am Zaun habe, noch alle Tassen im Schrank, ob er noch ganz dicht sei. Ja ist der denn total bekloppt?

Wie kommt der denn darauf, dass ich ihm und seiner Brut Schaden zufügen würde? Ich war total geschockt. Am Ohr hat er mir einen recht tiefen Schnitt verpasst und drei leichte Kratzer – zwei direkt auf meiner fleischfarbenen Bademütze und einen am Hals. Ich bin dann zum Parkplatz gelaufen und habe Achim abgeholt, um mit ihm noch zweieinhalb große Runden zu drehen. So hatten wir wieder eine Menge zu erzählen, denn Achim wurde vor einigen Jahren auch schon einmal von einem Bussard in diesem Gebiet angegriffen. Wir haben´s bisher alle überlebt. Und ich möchte nicht wissen, wie weh dem Bussard die Krallen von dem Aufschlag auf meinem stahlharten Kopf taten. Alter Verwalter.

Etappen

Etappen sind kleine Ziele auf dem Weg, um größere Ziele zu erreichen.

Tag 1.269 in Folge.

29.000 Kilometer im Streak seit dem 02.01.2012 hatte ich an diesem Tag überlaufen.

Fürs Erste war das Ziel die Erdumrundung mit circa 40.000 Kilometern im Streakrunning / Täglichlaufen. Also war das Etappe neunundzwanzig von vierzig, wenn man die Etappen in Tausenderschritten nimmt.

Anfangs lief ich im Streak meist fünfzehn Kilometer täglich. Ab und zu, meist an Wochenenden, aber auch mal zweiundzwanzig Kilometer oder etwas mehr. Etwas später lief ich dann auch regelmäßig mehr und an den Wochenenden oft mehr als dreißig Kilometer bis hin zu einigen Marathon-Distanzen und auch darüber hinaus.

Ab 2014 überlegte ich mir dieses vorläufige Ziel mit der Erdumrundung und horchte in mich hinein. Ich spürte, dass mir Laufen nur dauerhaft etwas bedeuten kann, wenn ich es in der Natur und zwar in profilierter Natur ausführen kann. Also möglichst weg von der Straße und rein in den Wald mit Waldwegen und Pfaden. Zu diesem Zweck passte ich meine tägliche Distanz etwas nach unten an. Dazu sind andere Menschen auch ganz wichtig. Ich lerne gerne andere Menschen kennen – das passt gut zum Laufen. Also bergauf und bergab und mit möglichst vielen unterschiedlichen Laufpartnern.

Dann fand ich es wichtig, möglichst viele Streckenvarianten zur Verfügung zu haben. Nun muß man mehr Kraft aufwenden, wenn man in der Natur läuft statt auf glattem Asphalt. Deshalb pendelte ich mich rein gefühlsmäßig auf eine tägliche dreiundzwanzig Kilometer Distanz mit 400 bis 500 Höhenmetern ein. Hin und wieder wurden es auch schon mal achtundzwanzig oder gar dreißig Kilometer, aber eher selten. Dazu habe ich nun auch noch die tägliche Wanderung als festen Bestandteil mit ins Programm genommen, wodurch seit dem 02.01.2012 zusätzlich über 9.200 Wander-Kilometer zusammenkamen. Diese zähle ich aber bei meinem Streak nicht mit . Das gehört sich nicht. So, wie es jetzt lief, lief es ganz gut und auf den mittlerweile hinter mir liegenden 29.000 Kilometern hatte ich mehr und mehr gelernt, das Laufen noch schöner und abwechslungsreicher zu gestalten. Es machte einfach immer mehr Freude. Meistens jedenfalls. Nicht nur stupides Abspulen von Kilometern, sondern täglich das Laufen erleben. Es waren also nur noch elf Etappen zu laufen.

~

Ausdauer ist das, was alle wollen, meist nur die körperliche, seltener die geistige, fast nie beide.

~

30.000 Kilometer ohne Pausentag

Der 3. August 2015 war mein 1.310ter Lauftag in Folge und es war schon wieder eine Etappe geschafft. Wieder einer dieser Feiertage.

An diesem Tag überlief ich die 30.000 Kilometergrenze mit täglichem Laufen. Jeden dieser Kilometer draußen. Nicht auf dem Laufband. Bei jeder Witterung. Mit netten und weniger netten Menschen. Unter leichten und harten Bedingungen. Mit 397.000 Höhenmetern. Mit Lust und ohne Lust. Traurig und fröhlich. Nur noch circa 10.000 Kilometer bis zum Ziel der Erdumrundung. Langsam werde ich etwas nervös. Wenn jetzt noch etwas Dummes passiert und dadurch der Streak in Gefahr gerät. Umknicken, die Knochen brechen, Fieber, eine schwere Krankheit. Das wäre ganz blöd. Zur Routine kam jetzt noch die Vorsicht hinzu. Nur noch ein Viertel der Reise. Nur noch ein Viertel.

Der erste Kontakt

Dann ereignete sich etwas Großes.

In den letzten Jahren und vor allem 2015 kamen eine ganze Menge fremder Menschen aus Syrien, Irak, Guinea, Guinea-Bissau, Nigeria, Mali, Gambia, Marokko, Albanien, Bangladesch, Pakistan, Afghanistan, Somalia, Tadschikistan und so weiter zu uns nach Deutschland. Menschen, die aus allen möglichen Gründen hier strandeten. Wegen eines Krieges, politischer Verfolgung, wegen ihres Glaubens, ihrer sexuellen Ausrichtung oder nur, weil sie schlicht und einfach zu Hause nichts mehr zu kauen hatten und auch sonst keinerlei Perspektive.

Viele stritten damals darüber, was man hätte tun können oder wie man es hätte verhindern können, dass sie zu uns kommen. Angeblich gab es vor allem junge Männer und kaum Familien oder Frauen. Wie wir später selber sehen durften, war das nicht so. Als ich mir anschaute, wo damals die Hauptängste der Bevölkerung um uns herum in Punkto „Völkerwanderungen“ lagen, da kam ich zu dem Schluss, dass es die Angst vor dem Versagen war. Die Angst, bei der Bewältigung dieser schwierigen Aufgabe zu versagen. Die Angst davor, nicht genug Besitz zu haben, um allen gerecht zu werden. Die Angst davor, am Ende selbst arm da zu stehen. Die blanke Angst vor Verlust. Angst ist und war ein schlechter Begleiter im Leben. Aus Angst versucht man, den Schwachen zu verteufeln, wie früher die Hexen auf den Marktplätzen. Wir können aus Erfahrung immer wieder nur sagen, dass es sich in jeder Hinsicht lohnt, seine Angst vor dem Versagen anzugehen. Unsere Devise war und ist: "Wir werden das gemeinsam schaffen." Für mich und Anja war es also klar, was zu tun war. Die Menschen waren da und wir mussten uns kümmern. Das passte gerade astrein in unser Vorhaben, uns sozial zu engagieren. Im August/September 2015 wurde es uns zuviel mit der öffentlichen Hetze gegen Ausländer und Flüchtlinge in den sozialen Netzwerken, durch neu entstandene politische Parteien und Gruppierungen und in den Medien. Wir begannen, uns einer Initiative anzuschließen, die Flüchtlingen beim Ankommen und der Integration in unserer Stadt behilflich ist. Der Name ist "Willkommen in Wermelskirchen". Es ist ein Zusammenschluss von Menschen unterschiedlicher Herkunft, unterschiedlichem Glaubens und verschiedenartiger Kultur. Dort gab es viele Möglichkeiten, sich zu engagieren.

Ich nutzte eine naheliegende Möglichkeit. Den Sport. Es mag eine total verrückte Idee gewesen sein, aber ich war felsenfest davon überzeugt, mit Flüchtlingen eine morgendliche Laufgruppe bilden zu können. Morgens um 6:15 Uhr. Mehr hatte ich erst einmal nicht vor. Dazu war es für mich notwendig, Kontakt zu den “Neuen” herzustellen. Ich wusste von Wolfgang, dass er einem albanischen Flüchtlingsjungen ein altes Fahrrad von sich geliehen hatte und Wolfgang konnte mir so die Kontaktdaten des Jungen geben. Über Facebook und WhatsApp, die für diese Zeit wichtigsten Kommunikationsmittel, bekamen wir Verbindung.

Ich schrieb den Jungen auf Deutsch an und wunderte mich, wie gut wir in deutscher Sprache miteinander kommunizieren konnten. Wir verabredeten uns für ein Treffen in diesem “Café International”. Das war kein richtiges Café, sondern ein Raum des CVJM in unserer Stadt, der für die Flüchtlingsinitiative “Willkommen in Wermelskirchen” zur Verfügung gestellt wurde. Als Anja und ich dort am 10. September 2015 erstmals hinkamen, war es dort sehr voll und wir kannten keinen Menschen außer Wolfgang. Wolfgang stellte uns den jungen Albaner vor und ich fragte ihn, ob er mit mir laufen möchte. Er sagte nein und ging weg. Ich dachte mir: Oh, wie nett. Das war ja ein Erfolg auf der ganzen Linie. Aber dann kam der Junge zurück und hatte Artan im Schlepptau. Artan, ein stämmiger Albaner, der kein Wort Deutsch und kein Wort Englisch sprechen konnte. Hurra. Ich verabredete mich, mit dem Jungen als

Dolmetscher, mit Artan für den nächsten Morgen um kurz vor halb sieben zum Laufen.

Artan war der erste

11. September 2015, mein Lauftag 1.349 in Folge.

Ich rannte wie üblich um 6:15 Uhr von zu Hause los, um pünktlich am Treffpunkt zu sein. Treffpunkt war das alte Hotel Bitburger Hof, in dem die Stadt Wermelskirchen einige Flüchtlinge untergebrachte hatte. Ich lief zum verschlossenen Eingang und rief seinen Namen. Er kam im ersten Stockwerk ans Fenster und machte mir deutlich, dass er runter komme. Eine Minute später war er da, wir gaben uns kurz die Hand, nannten unsere Namen und liefen gemeinsam los. Ich in voller Läufermontour. Er in Straßenschuhen, T-Shirt und Trainingshose. Wir kannten uns nicht. Wir liefen einfach los.

Wir liefen durch Gegenden, die er noch nicht kannte. Wie sollte er auch. Durch die Stadt. Durch Wälder. Zur Remscheider Talsperre und so weiter. Kilometer um Kilometer spulten wir ab und ich fragte ihn immer wieder, ob noch alles OK sei. Er antwortete immer ok, ok und zeigte mit dem Daumen nach oben. Wir liefen und redeten. Er konnte kein Deutsch, kein Englisch und ich kein Albanisch. Eine TOP-Ausgangssituation für ein

Gespräch. Die Unterhaltung war gut. Die Sprachen unbekannt. Verstanden haben wir nichts. Verstanden haben wir uns. Über fünfzehn Kilometer hat er mich begleitet und es machte ihm sichtlich Freude, mal etwas anderes zu sehen. Das waren die ersten gemeinsamen Schritte. Ich bin mir nicht sicher, ob er noch einmal mit mir aufs geratewohl laufen würde, denn der Junge, der uns zusammengebracht hatte, schrieb mir am Nachmittag, dass es für Artan wohl so richtig schwer gewesen war. Wir werden sehen. So fand ich den Einstieg und die ersten zaghaften Kontakte für mein neues Projekt.

Laufen mit Flüchtlingen, wie es die Leute später nannten.

~

Die Besonderheit liegt nicht in der Länge der Strecke, ok, das auch, aber die wirkliche Besonderheit ist, dass es täglich passiert.

~

Eine Geschichte

12. September 2015, mein Lauftag 1.350 in Folge. Auf meiner Morgenrunde überlegte ich mir eine Geschichte. Eine Geschichte, welche ein Großvater in ferner Zukunft seinem Enkel erzählen könnte. Wir schreiben das Jahr 2215.

“Opa... Wie war das damals als die „Fremden“ zu uns auf die Erde kamen?”

Sie kamen aus einer fernen Galaxie mit einem großen Raumschiff zu uns und waren auf der Flucht. Ihre Welt wurde von fremden Mächten zerstört und so ersuchten sie bei uns um Asyl.

Sie sprachen nicht unsere Sprache und sahen befremdlich aus. Ihr Raumschiff war zerstört und es sah aus, als ob es für sie keinen Weg zurück gebe. Sie suchten einen Ankerplatz in einem sicheren Hafen. Wir hatten damals anfangs Angst vor den Fremden! Es gab unter uns einige Menschen, welche die Angst auch noch schürten und die fürchterlichsten Schauergeschichten über die Neuen erzählten. Einige Länder unserer Union sträubten sich sogar, sie unter würdigen Bedingungen aufzunehmen. “Opa und was habt ihr gemacht, um die Angst zu verlieren?” Damals, als der große Krieg der Galaxien war, schien es uns am wichtigsten, gemeinsam dafür zu sorgen, dass wieder Ruhe einkehrt. Den Flüchtlingen musste geholfen werden, um gegenseitige Angst zu bekämpfen. Und was soll ich dir sagen. Es hat funktioniert. Wir mussten zwar einige Einschränkungen hinnehmen, aber dafür erschien es uns als sinnvoll und wichtig. “Und wie haben sich die Fremden gefühlt?” Anfangs waren sie skeptisch und es erforderte viel privates Engagement der gesamten Bevölkerung, aber nach und nach fügten sie sich in unserer Gesellschaft ein. Sie sahen uns ähnlich und sogar ihr Blut hatte dieselbe Zusammensetzung. Die herzliche Aufnahme in unsere Welt nahm ihnen ein wenig die Angst. Wir ließen sie teilhaben an unserem Leben und integrierten sie. Heute wissen wir, dass es der beste Weg war, und der Erfolg stellte sich ja rasch ein. Die Vorteile der einzelnen Lebensweisen ergänzten sich sehr gut. “Warum haben wir das denn überhaupt gemacht und warum haben wir sie nicht einfach von der Erde vertrieben?” Weil wir Menschen sind.

Masood aus Pakistan

Unter einigen der Flüchtlinge hatte es sich herumgesprochen, dass ich jeden Morgen lief. Und ich selbst war überrascht, als am 18. September schon der nächste Läufer mit am Start war.

Masood aus Pakistan hatte Wind davon bekommen und stand bereit, mich zu begleiten. Er hatte von Artan gehört, dass Artan zwar keine Lust am Joggen habe, aber er, Masood, hatte Lust. Masood konnte recht ordentlich Englisch mit mir sprechen und so zockelten wir gemeinsam los.

Integration von Beginn an. No Problem. Man kann alles schlecht reden, zweifeln, kritisieren. Oder einfach mal machen. Ich lernte genauso wie er. Lernen ist etwas, was in kleinen Schritten satt macht.

Am 19. September, nur einen Tag später, dachte ich eigentlich, dass er erst mal Pause machen müsse. Immerhin war das gestern sein erster Lauf und dann direkt über eine Distanz von dreizehn Kilometern. Doch gestern Nachmittag meldete er sich überraschenderweise per Facebook und verkündete „Das Wetter wird morgen gut zum laufen". Er wollte mit! So lief ich um 6:15 los, um ihn um 6:40 am Treffpunkt abzuholen. Wir sind dann gute zehn Kilometer gemeinsam gelaufen und haben uns unterwegs wieder sehr gut unterhalten. Er wollte viel wissen – Ich wollte viel wissen. Beim Lauf erzählte er mir, dass er als Muslim am Mittwoch ein hohes Fest (Opferfest) habe, welches mit unserem Weihnachten vergleichbar sei und er an diesem Tag dann voraussichtlich nicht mit mir laufen werde. Ich antwortete ihm darauf, dass ich auch an Weihnachten laufe. Wir lachten. Dann organisierte ich ihm unterwegs per Facebook noch ein paar alte Laufschuhe und wir waren gespannt, wie es weiterläuft. So eine Läufer-Community kannte er bisher nicht und er war überrascht, wie das über Facebook alles so funktioniert. Als ich ihn dann zu Hause ablieferte, rief ich ihm „Dann bis morgen“ zu und er antwortete...

„Ja bis morgen – In Shaa Allah.“ So Gott will.

Ishfag, Waqas und Bulbul

20. September 2015, mein Lauftag 1.358 in Folge.

Es stand uns eine schwierige Zeit bevor. Ich kann an den Ursachen bis heute nichts ändern. Nur auf Gegenwart und Zukunft kann ich in meiner kleinen Welt Einfluss nehmen. Hier setzte ich an. Mir war bewusst, dass es nicht einfach wird. Aber die Gegenwart und die Zukunft werden später die Vergangenheit sein, auf die man zurückblickt. Zum damaligen Sonntagmorgen-Lauf hatte ich mich wieder mit meinem neuen Begleiter Masood aus Pakistan verabredet. Er und ich versuchten etwas. Wir versuchten die einzig mögliche Lösung, um in der Zukunft nicht noch mehr Probleme zu bekommen. Wir machten etwas zusammen. Wir liefen.

Gestern hatte ich per Facebook einen Rundruf gestartet, wer für Masood ein Paar Laufschuhe habe. Lea hatte sich prompt mit ihm verabredet und ihm ein Paar verpasst. Die konnte er also direkt mal einlaufen. Er war stolz wie Oscar. Und da zu der Zeit meist sonntags auch Michael und Peter zur Laufgruppe gehörten, sind die Beiden rasch von der Talsperre den Berg hinauf gelaufen, um pünktlich mit uns am Treffpunkt um 6:40 Uhr loszulaufen. Als Überraschungsgast hatte Masood auch seinen Bekannten Ishfaq mitgebracht, auch einen Pakistani, der aber kein Englisch spricht. So waren zusätzlich zu Masoods Übersetzung in Urdu, seiner Landessprache, wieder unsere Hände und Füße mit im Spiel. So sind wir dann los. Es war ein toller gemeinsamer Lauf und ein Beweis dafür, dass der Sport eine internationale Sprache ist. Am nächsten Tag stand Masood wieder mit einem anderen, gerade erst siebzehn Jahre alten Jungen am Treffpunkt. Er stellte uns nur kurz vor, sein Name ist Waqas. Dann machte sich Masood aus dem Staub. Er wollte an dem Tag nur Walken und ließ Waqas alleine mit mir laufen.

In den nächsten Tagen, Wochen und Monaten war mal der eine, mal der andere und waren manchmal auch sehr viele Begleiter aus der Flüchtlingsunterkunft dabei. Einer der eifrigsten Mitmacher fand am 28. September 2015 zu uns. Es war Bulbul aus Bangladesch. An seinem ersten und meinem

1.366ten Lauftag begleitete er uns sage und schreibe knappe drei Kilometer, weil er noch einen frühen Termin beim Ausländeramt hatte. Aber wir hatten uns erst einmal kennengelernt und somit die erste Hürde genommen. Seit diesem Tag war Bulbul immer wieder mit dabei.

~

Wir können die sein, welche das Glück verteilen.

~

Einmischung

Was ich bisher immer vermieden hatte, war meine Einmischung in politische Dinge. Doch am 8. November 2015 konnte ich nicht anders und ich musste mich einmischen. Meinen Freunden zu Liebe. Da machte doch die kleine Truppe der rechtspopulistischen Partei in unserem Städtchen eine "Informationsveranstaltung" und es regte sich bei mir ein gewisses Unwohlsein zu den Themen und Auslegungen durch diese Leute, so dass ich mich einigen Menschen angeschlossen habe, um diese Veranstaltung zu besuchen. Ich wollte live hören, was diese Leute zum Thema Flüchtlinge zu sagen hatten, denn einige der Flüchtlinge waren ja mittlerweile auch meine Freunde geworden.

Das war damals meine erste Konfrontation mit Politik in der Öffentlichkeit und auch meine erste Konfrontation mit diesen Leuten vom rechten Rand. Ich fühlte mich dort wirklich unwohl, war zum Glück aber mit 25 weiteren Leuten anwesend, um Fragen zu stellen und nicht locker zu lassen. Nach einer kurzen Einleitung bestand diese "Informationsveranstaltung" dann nur noch aus unseren Fragen und unserem Nachhaken, um Antworten zu bekommen. Es gab keine Antworten. Das war sehr unbefriedigend, so dass wir nach längerem Hin und Her irgendwann geschlossen die Räume verließen und uns draußen vor den Bürgerhäusern der Stadt, in denen dieses Treffen stattfand, mit Transparenten gegen Hass und Rassismus aufstellten, um zu demonstrieren, dass wir gegen solche Parteien und deren rassistische Ansichten sind. So war das.

Gegen den Generalverdacht

Einen Tag später, am 9. November 2015 wurde ich fünfzig. Ein halbes Jahrhundert alt. Für mich war das der richtige Zeitpunkt, um mich noch mehr für die Flüchtlinge einzusetzen. Ich fand und finde es immer noch wichtig, gegen Leute mit ausländerfeindlichen Einstellungen und Ängsten zu stehen und sich für bedrängte Menschen einzusetzen.

So schrieb ich am 10. November 2015 folgendes in meinen Blog:

Da entscheidet unsere Bundeskanzlerin Angela Merkel vor Wochen mit aus meiner Sicht starkem humanitärem Gefühl darüber, die Menschen vor den Toren Europas nicht verrecken zu lassen. Der Welt etwas Hilfe zu geben, für einen Teil der Ausbeutung, durch die wir alle dieses pralle Leben leben. Wir, die wir mehr als genug haben von allem, standen hinter der Entscheidung dieser Angela Merkel und empfingen die Menschen mit offenen Armen, ohne zu ahnen, wie groß wirklich unsere Schuld für dieses unbeschwerte Leben ist. Doch jetzt, wo wir die volle und immer noch wachsende Erkenntnis täglich vor Augen sehen, da wendet ihr euch ab und verkriecht euch wieder in eurer Urlaubsplanung, Brückentagsgestaltung und Weihnachtsgeschenkeauswahl.

Ihr versammelt euch zu tausenden, um gegen vermeintliche „Invasoren“ zu demonstrieren, und verlasst den Rücken unserer so menschlichen Regierungsspitze, in dem ihr sie dort alleine in der Öffentlichkeit stehen lasst. Ihr schiebt Gründe vor, welche keiner wirklichen Überprüfung standhalten, nur damit ihr beruhigt unter eure warmen Decken schlüpfen könnt. Ihr dreht Gesetze wieder so, dass sie nicht den Menschen helfen, sondern nur dem Geld.

Um Himmels Willen – wie schwach seid ihr?

Und als es mehr terroristische Angriffe in Europa gab, da wurde es noch wichtiger sich für die Schutzsuchenden einzusetzen und sie nicht unter Generalverdacht zu stellen.

Starke Menschen

Wie stark ihr seid!

Nachdem ich in den letzten Wochen und Monaten mehr und mehr mit Hetze und Fremdenfeindlichkeit konfrontiert war, überraschte mich doch sehr positiv, wie viele Menschen uns und mich bei meinem "Integrationsprojekt-Laufen" bis heute unterstützt haben. Manchmal war die einfache Frage über Facebook, wer denn vielleicht noch ein Paar gut erhaltene Laufschuhe in Größe xy für einen unserer Läufer im Schrank stehen habe, nach wenigen Minuten positiv beantwortet. Dann wurde ein Paket geschickt oder in vielen Fällen sogar ein Gutschein für einen Sportbekleidungsladen in der Stadt. Genauso war es mit Laufshirts, Hosen oder Jacken für die Winterzeit.

Einmal schrieb ich, dass wir für die Jungs einige Leuchtwesten benötigen, damit sie in der Dunkelheit vom Verkehr besser gesehen werden können und ich hatte es gerade abgesendet, da kam schon ein Angebot über zehn Westen und sie wurden noch am selben Tag gespendet. Die Spender der vielen Dinge waren meist Menschen, die nicht unbedingt einer Initiative oder der Stadt oder einer Organisation angehören. Meist hatte ich von ihnen auch noch nie etwas gehört. Doch sie wollten helfen und konnten das direkt und ohne große Umwege tun. Hier direkt in unserer Stadt. Ganz einfach und simpel. Das sind ganz schön starke Menschen.

Das Ergebnis waren viel Spaß und Lernen, während wir zusammen gelaufen sind. Und wenn es nur darum ging, die Schnürsenkel an den Laufschuhen zu binden. Gerade wenn man in einem Land aufgewachsen ist, wo das Binden von Schnürsenkeln nicht zur Grundausbildung in Kindergärten gehörte. Es waren in den letzten Monaten in 2015 so viele Jungs mit dabei, das hätte ich mir vorher nicht vorstellen können.

~

Das ist gar kein Regen. Das ist nur Wasser.

~

Das erste Weihnachten

Das erste Weihnachten für unsere neuen Freunde in Deutschland und dann direkt bei meiner Mutter.

Wir hatten Bulbul zu unserem familiären Weihnachtsessen am ersten Weihnachtsfeiertag eingeladen. Aber nicht nur Bulbul, sondern auch noch Masood. Sie hatten an diesem Freitag über Mittag einen Moscheebesuch, aber danach trafen wir uns zum Mittagessen bei meiner Mutter. Es gab Kaninchen, Bohnensalat und Kartoffeln. Nach dem Mittagessen hatten wir etwas geplant.

Wissen Sie was Ludo ist?

Eigentlich hatte ich vor, die Jungs mit einem Spiel "Mensch ärgere Dich nicht" zu überraschen und sie zu fragen, ob sie dieses tolle Gesellschaftsspiel aus Deutschland kennen. Leider hatten wir, meine Mutter und meine Tante keins mehr zu Hause. Aber trotzdem sprach ich mein Vorhaben an und man glaubt mir nicht, was dann geschah. Masood, dieser junge Mann aus Pakistan erzählte uns von „Ludo" und „stritt" sich mit Bulbul über den Namen des Spiels. Heißt es "Ludo" oder "Ludu"? Als Ergebnis kam heraus, dass es „Ludo" heißt und nur in Bangladesch "Ludu" genannt wird. OK, aber was nun? Masood sagte, dass er ein selbst gemaltes „Ludo" Spiel zu Hause habe und bot an, es kurzerhand zu holen. Gesagt getan und so spielten wir mal schnell ein paar Spiele „Ludo“. Dieses „Ludo“ ist übrigens vermutlich der direkte Vorgänger von „Mensch ärgere Dich nicht“ und stammt vom “Patchesi” ab, welches direkt vom “Pachisi” abstammt und für die gesamte „Spielkultur“ in Europa verantwortlich ist. “Pachisi” kommt übrigens genau aus der Ecke der Erde, wo auch die Jungs gerade hergekommen sind. Was für ein Zufall. Ja und nach dem hitzigen Spielen gab es auch noch Kaffee und Kuchen, bis nichts mehr rein passte.

Es war ein wundervolles Weihnachten. Über die Religionsgrenzen hinweg. Zum ersten Mal bei uns zu Hause.

Vier Jahre ohne Pausentag

Am 01. Januar 2016 war ich vier Jahre jeden Tag Joggen und hatte in diesen vier Jahren eine Gesamtstrecke von 33.666 Kilometern zurückgelegt. Das vergangene Jahr 2015 war auch wieder ein kilometerreiches Jahr mit ganzen 8.704 Laufkilometern und zusätzlichen 3.360 Wanderkilometern. Jetzt hatte ich nur noch etwa die 6.000 Kilometer zu joggen, um das Ziel der Erdumrundung im Täglichlaufen zu erreichen. Die Nervosität, jetzt noch auszufallen, erreichte eine ganz neue Qualität.

Im vergangenen Jahr, wie auch in den Jahren zuvor seit unserer Gewichtsreduzierung, bewegte sich mein Körpergewicht in einem gesunden Bereich, der nicht zu hoch und nicht zu niedrig lag. Bei 187cm Körpergröße, hatte sich mein Gewicht zwischen einundachtzig und vierundachtzig Kilogramm eingependelt. Damit konnte ich also auch durchaus zufrieden sein. Und das Besondere an dem Jahr 2015 kam ja erst im letzten Drittel. Wir haben wirklich viele neue Freundschaften schließen können und das ist im Leben ja doch etwas besonders Schönes. Aus den anfangs geplanten gemeinsamen Läufen wurden später zusätzlich auch noch gemeinsame Wanderungen, gemeinsame Essen, gemeinsames Sprache üben und so weiter. Wir verbrachten viel Zeit miteinander. Der Treffpunkt im Eiscafé Cordella entwickelte sich zur Institution. In der Mittagszeit, zwischen den Sprachkursen und den Ein-Euro-Jobs bei der Stadt konnten dort Fragen beantwortet werden. Jeden Donnerstagabend gingen wir auch ins Café International der Flüchtlingsinitiative "Willkommen in Wermelskirchen". Wir lernten so immer mehr Neu-Wermelskirchener kennen und waren uns sicher, dass wir vor diesen Menschen keine Angst haben müssen. Die Warnungen der rechten Politikszene waren für uns hier also vollkommen sinnbefreit und hatten nur einen Zweck: Ängste zu schüren und die Gemeinschaft der gesamten Bevölkerung zu spalten.

Wir wollten lieber an einer gemeinsamen Zukunft für uns alle arbeiten.

Technische Begleiter

Meine technischen Begleiter und vielleicht auch Motivatoren.

Ich hatte zwar schon mal den einen oder anderen technischen Begleiter erwähnt, doch jetzt möchte ich noch einmal ausführlicher auf dieses Thema eingehen.

Seitdem Anja und ich mit dem Sport begonnen haben, musste ich irgendwie die Strecken vermessen. Irgendetwas in mir drinnen zwang mich dazu. Anfangs hatte ich diese Messungen manuell vorgenommen. Ich benutzte ungefähre Streckenlängenangaben der Wanderwege unter Zuhilfenahme einer ganz einfachen Stoppuhrfunktion in der Super-Power-Sport-Armbanduhr von Tchibo.

Und wenn ich mal ganz ehrlich zu mir selbst bin, dann würde mir das auch heute noch vollkommen ausreichen. Mir würde es ausreichen zu wissen, dass ich ungefähr zweieinhalb Stunden gelaufen bin und in der Zeit circa 25 Kilometer zurückgelegt hätte. Wie schnell genau und wie weit, war mir anfangs, ehrlich gesagt, vollkommen schnurz.

Aber...

Wenn dieser ganze Schnickschnack nun mal zur Verfügung steht und alle um einen herum diesen Schnickschnack auch verwenden, dann muss meiner Mutter Sohn dieses Zeug auch ausprobieren.

Erst zeichnete ich meine Routen in Google Maps auf. Das war aber nur, um zu sehen, wo ich hergelaufen bin. Eine Streckenlänge konnte man damals damit noch nicht vermessen. Dann legte ich mir am 20. Februar 2009 mein erstes iPhone zu. Ein iPhone 3G und ich installierte mir darauf eine dieser Apps, welche per GPS-Signal eine Strecke aufzeichnen, die Zeit abstoppen und sogar eine Online-Verfolgung möglich machten. Meine erste App war von Runkeeper und funktionierte für damalige Verhältnisse recht ordentlich. Zwar brach der Kontakt für die Online-Verfolgung mitsamt der App immer mal wieder ab, aber das war bei so einem neuen Zeug damals gar nicht so wichtig. Dann rief mich Anja an und fragte per Telefon nach, ob mir etwas passiert wäre. Es war vor allen Dingen bei meinen damaligen Mountainbike-Touren wichtig zu wissen, ob ich nicht wieder in irgendeinem Gebüsch herumliege. Davon, dass mir sowas passieren kann, hatte ich ja schon erzählt. So habe ich dann das Smartphone später auch bei den Aktivitäten zu Fuß mitgenommen und meine Strecken getrackt.

Ein Problem der damaligen Zeit war es zudem, dass man auf diesen Apps noch keine vorbereiteten Routen aufspielen konnte und diese dann folglich auch nicht ablaufen oder abfahren konnte. Das war Mist und deshalb kaufte ich mir in 2010 so einen Garmin Oregon 450 bei Globetrotter in Köln. Boah, war das damals schon ein riesiger Laden und was gab es dort für eine unüberschaubar große Auswahl an Sportklamotten. Mir war total schwindelig von so viel Zeug. Aber der Verkäufer in der Abteilung für die GPS Geräte konnte mich beruhigen und mir das für mich passende Gerät verkaufen. Zu diesem Oregon 450 verkaufte er mir noch eine topografische Karte von Deutschland und damit war ich erstklassig ausgerüstet, um vorher Routen auf dem PC zu erstellen und sie dann mit dem Rad abzufahren oder abzulaufen. Der lag zwar etwas schwer in der Hand, wenn ich durch die Wälder rannte, aber dafür wusste ich immer, wo mein Weg verlief.

Natürlich gab ich mich damit auf Dauer nicht zufrieden. Es musste doch eine andere Lösung geben. Und die gab es auch. Im November 2010 kam ein neues Spielzeug in meine GPS-Familie. Die Uhr Garmin Forerunner 305 konnte Strecken per GPS aufzeichnen, war eine Stoppuhr mit verschiedenen Spielereien und konnte, ganz wichtig, eine vorher erstellte Route abspeichern. Mit ihr habe ich mir dann den schweren Oregon 450 beim Laufen ersparen können. Den benutzte ich dann nur noch fürs Wandern, am Rucksack befestigt, oder am Rad auf dem Vorbau. Alles war von nun an gut.

Fast alles...

Denn ich hatte mal wieder von einer App gehört, mit der erstens die Live-Verfolgung online möglich war und darüber hinaus, während ich mich sportlich betätigte, dem “Online-Zuschauer” die Möglichkeit bot, bestimmte Töne an mein Smartphone zu senden. Das war die App von Runtastic. Was diese App für Zahlen ausspuckte, war mir eigentlich vollkommen wurscht. In der Hauptsache ging es mir um die daran hängende Community und diese witzigen Töne auf meinem Smartphone, wenn ich auf der Strecke war. Diese Community festigte sich zudem über Facebook-Gruppen und auch durch persönliche Treffen. Sport verbindet eben ungemein. Doch irgendwie wurde mir auch das mit der Zeit eintönig und ich verabschiedete mich erst von der App und etwas später auch aus den Facebook-Gruppen. Es war mir doch zu künstlich.

Über die Jahre verabschiedete sich im Juli 2015 auch meine Garmin Laufuhr Forerunner 305 wegen eines Akkuproblems und ich kaufte mir eine Forerunner 920 XT, mit der ich ebenfalls Strecken ablaufen kann und die ich auch heute noch trage.

Heute zeichne ich meine Strecken mit der Uhr auf, messe sie dann aber mit den Karten von www.gpsies.com nach, weil meine Uhr in unseren engen bewaldeten Tälern und Kurven einfach zu ungenau misst. Meist laufe ich sowieso gleiche Strecken und kann somit die Daten übernehmen. Und ob ich nun zehn Sekunden schneller oder langsamer bin, ist eigentlich auch vollkommen egal. Bei der Messung der Streckenlänge möchte ich es jedoch mittlerweile schon weitestgehend genau wissen.

~

Man kann ja darüber denken, wie man will, aber es gibt eindeutig zu wenige Indianer in unseren Wäldern.

~

Wenn wir es nicht gut machen

Am 06. Januar 2016 und Tag 1.466 meines Täglichlaufens.

In der Silvesternacht waren vor wenigen Tagen diese Ereignisse in Köln geschehen. Am Morgen des 06. Januars war ich mit Masood und Rahul zum Laufen auf der Strecke. Acht Kilometer hatten mich die beiden begleitet und Rahul wurde in der deutschen Sprache auch immer besser. Jetzt hatte er eine eigene kleine Wohnung und wünschte sich, dass ich ihm bei der Suche nach Möbeln behilflich bin. Dazu bediente ich mich später der Hilfe der Initiative "Willkommen in Wermelskirchen". Bulbul hatte schon einen frühen Termin beim Ausländeramt im entfernten Bergisch Gladbach, um seine Aufenthaltsberechtigung zu verlängern. Deshalb konnte er an diesem Morgen nicht mit uns laufen. Als er mir das einen Tag vorher sagte, fragte ich ihn, ob die beim Ausländeramt nicht wüssten, dass er morgens immer einen wichtigen Termin mit mir habe und deshalb nur nachmittags könne? Da lachte er und meinte nur… “Neiiiin – das Laufen ist auch wichtig, aber nicht so wichtig.”

Er bekam seine Aufenthaltsberechtigung wieder nur um drei Monate verlängert und erhielt keinen richtigen Status. Warteposition. Frustrierend.

Mein Lauf heute ging über fünfundzwanzig Kilometer und als ich Masood und Rahul zu Hause abgeliefert hatte, steckte ich mir Musik in die Ohren. Jean Michel Jarre und später Kate Bush. Bald schon war mein Morgenlauf beendet.

Als ich damit fertig war zog ich, beziehungsweise zog es mir drinnen gerade die Schuhe aus, als meine Mutter anrief, um mit Anja etwas zu besprechen. Der erste Satz meiner Mutter war: „Das ist ja schlimm, was da in Köln passiert ist – Mensch passt bloß auf euch auf.“ Und dann war Anja an der Reihe mit: „Jetzt fang du auch noch damit an, alle über einen Kamm zu scheren. Ein deutscher Mann prügelt zu Hause seine Frau grün und blau. Und nicht nur das. Alltägliche verbale Belästigung, Antatschen, Stalken und so weiter. Solche Straftaten passieren jeden Tag irgendwo in unserem Land, hundertfach, wenn nicht tausendfach. Ohne einen Aufschrei der Gesellschaft. Ohne mit dem Finger auf die Täter zu zeigen. Meist ohne Konsequenzen für die Täter. Aber jetzt. Jetzt sind es Ausländer. Jetzt sind es diese Männer mit den schwarzen Haaren und Gesichtern. Da müssen wir rasch mal Stimmung machen. Da müssen wir Angst verbreiten. Da schreiben wir schnell mal in den Zeitungen, dass tausend Männer unsere Frauen vergewaltigen und bestehlen. Ja und es könnten auch Flüchtlinge dabei gewesen sein.”

Wenn selbst meine liberale und menschenfreundliche Mutter sich von diesen Meldungen beeinflussen lässt und uns unterschwellig vor dem Umgang mit Flüchtlingen warnt, dann hat die Seite der Menschenfeinde ja scheinbar alles richtig gemacht mit ihrer ständigen Hetze gegen Ausländer und Flüchtlinge, um Unfrieden in unserem Land zu schüren.

Straftaten müssen von unserem Staat geahndet und abgeurteilt werden. Nicht von uns Bürgern.

Die Verbindung herzustellen zwischen Gewalt gegen Frauen oder generell Gewalt und Ausländern beziehungsweise Flüchtlingen ist ebenso Gewalt. Wir bleiben dabei… "Wenn wir es nicht gut machen, dann kann es auch nicht gut werden." Pauschale Schuldzuweisungen sind und waren noch nie der richtige Weg.

Die Stimmung im Land gegen unsere neuen Freunde wurde schlechter.

Das Fernsehen berichtete

Der Winter im neuen Jahr 2016 kam spät, aber er kam und brachte das übliche mit. Erst etwas Schnee, dann Matsch und Glatteis. Und so schrumpfte die Flüchtlings-Laufgruppe wieder zusammen. Es ist ja schwer genug, wintererprobte Einheimische zum Joggen bei diesen Verhältnissen zu bewegen. Umso schwerer ist es, Asiaten oder Afrikaner zum "Schlittschuhlaufen" zu motivieren. Eigentlich waren in diesem Winter Bulbul, Masood und Rahul neben wenigen Einmalläufern die einzigen Jungs, welche oft mit am Start waren.

Am 30. Januar 2016 und Tag 1490 meines Täglichlaufens trafen wir uns schon etwas früher zum Morgenlauf, denn an diesem Tag war mit uns ein Drehtermin für das WDR-Fernsehen geplant. Zur Vorbereitung besprachen wir kurz, was zu tun sei. Ich schnallte mir eine kleine Actionkamera statt Stirnlampe auf den Kopf und wir verabredeten vier Treffpunkte, an denen Petra vom WDR-Fernsehen einmal eine Liveschaltung fürs WDR-Radio mit mir machte und an den anderen Orten einige Szenen über unsere Lauferei drehte.

Wir waren alle ziemlich nervös, aber durch die Bewegung baute sich die Nervosität gut wieder ab. Bisher hatte von den Jungs noch keiner Erfahrungen mit dem Fernsehen gemacht und ich auch nur vor einigen Jahren mal aus beruflichen Gründen.

Wir liefen also durch den nassen dunklen Wintermorgen und machten an den Treffpunkten für die entsprechenden Interviews halt. Es hat uns allen so richtig viel Spaß gemacht und die Sendung wurde bereits am 10. Februar 2016 im WDR-Fernsehen ausgestrahlt.

Es begann mit den Worten “Jeden Morgen, egal bei welchem Wetter, holt er pünktlich um halb Sieben seine Jungs am Flüchtlingsheim an der Beltener Straße in Wermelskirchen ab. Seine Jungs, das sind Bulbul, Masood und Rahul.” Das war eine absolut wertvolle Erfahrung und eine gute Möglichkeit, anderen Menschen zu zeigen, dass Sport verbindet und Ängste und Grenzen beseitigen hilft.

Aber damit nicht genug, denn nur wenige Tage später war schon wieder richtig was los bei uns. Da war doch gerade erst das WDR Lokalfernsehen bei uns, um über die Lauferei mit den Jungs zu berichten. Und jetzt hatte sich dann “Westpol – Das Politmagazin für Nordrhein-Westfalen” angemeldet, um über unsere, wie sie sagten, “Integrationsarbeit” zu berichten. Quasi live dabei.

Da die Jungs aber unter der Woche alle etwas zu tun haben (Sprachschule der Initiative, Sprachschule der VHS, Ein-Euro-Jobs der Stadt), mussten wir etwas jonglieren, wer wen wo abholt, um während der Dreharbeiten doch noch ein paar Kilometer zusammen zu bekommen. Also erst kam Bulbul um fünf nach sechs zu mir. Wir liefen dann in die Richtung von Rahul, der aber nicht pünktlich kam. Wir drehten um und liefen zum

Flüchtlingsheim in die Beltener Straße. Dort war auch der Treffpunkt mit dem Kamerateam des WDR.

Dort drehten wir etwas indoor und danach liefen wir, Rahul, Bulbul, Riaz, Shahariya aus Bangladesch, Masood aus Pakistan und ich eine große Runde durch unser Städtchen, wo wir auch auf Anja mit unserem Hund Paul trafen. Alles wurde natürlich auf Film festgehalten. Auf dem Rückweg begegnete uns noch Amjad, auch ein Pakistani, der sich der Laufgruppe angeschlossen hatte. Immer wieder musste das Filmteam die Kameras neu positionieren und zwar auf unserer gemeinsamen acht Kilometer langen Strecke. Auf dem Bürgersteig, auf dem Auto und aus dem Auto heraus wurde gefilmt. Man hatte sogar für eine Einstellung kurzzeitig eine Hauptstraße gesperrt. So begleitete uns das Filmteam, bis sich Bulbul, Masood, Riaz, Amjad und Shahariya verabschiedeten. Ab hier lief ich mit Rahul noch die restlichen erforderlichen Kilometer des Tages bis kurz vor Lennep, um dann pünktlich, wie mit dem Filmteam abgesprochen, bei mir zu Hause anzukommen. Die Leute vom WDR mussten nämlich noch einiges vorbereiten, denn zum Schluss drehten wir noch einen Teil bei uns zu Hause.

Das Ergebnis dieses Berichtes war um einiges professioneller als unser erster Filmbeitrag. Das lag natürlich an den erstklassigen Filmstars aus Bangladesch und Pakistan.

Das Ei - 35.000 Kilometer ohne Pausentag

25. Februar 2016 und Tag 1.516 meines Täglichlaufenprojekts

Ich hatte es schon einmal erwähnt: Die Erde ist ein Ei und jenes hat am Bauch einen Umfang. Den Erdumfang. Wegen der Erdabplattung ist dieser Umfang am Äquator mit etwa 40.076 Kilometern am größten. Über die Pole gemessen wären es nur schlappe 40.008 Kilometer. Daher ist unsere Erde dieses besagte Ei. Da ich mich entschlossen hatte, die Erde virtuell zu umjoggen und das mit täglichen Joggingrunden ohne Pausentag, suchte ich mir natürlich die dickste Stelle aus. Am 25. Februar 2016 hatte ich wieder eine wichtige Etappe geschafft. Etappe fünfunddreißig, denn ich habe diese Eiumrundung in vierzig Etappen á 1.000 Kilometer eingeteilt.

Da waren es nur noch fünf Etappen und ein bisschen.

Nur noch 5.076 Kilometer. Nur noch. Nur.

~

Für Täglichläufer bedeutet es: Der Tag selbst ist der Tag davor und der Tag danach.

~

Die ganze Welt kommt nach Wermelskirchen

Bisher lief ich mit Jungs aus Pakistan, Bangladesch, Syrien, dem Irak, Mali, Marokko und Somalia. Aber am 08. März 2016, meinem Tag 1.528 in meinem Täglichlaufenprojekt, lernte ich Ousmane aus Guinea kennen. Bulbul war damals wieder die drei Kilometer bis zu mir nach Hause gelaufen, um mich abzuholen. So bekam er vor der Schule, die um 8:15 Uhr begann, schon mindestens seine sieben Kilometer zusammen. Immerhin. Ihn lieferte ich zu Hause ab und nahm Masood mit, dessen Schule erst um zehn Uhr begann und so hatte er etwas mehr Zeit.

Am Tag zuvor rief mich erneut die Leitung der Schuberthalle, im Jahr 2016 eine Flüchtlings-Erstaufnahmeeinrichtung, an, um nochmals zu klären, wie und wann wir diesen einen jungen Läufer aus Afrika an der Halle abholen können. Ich sagte, dass wir zwischen 6:45 und 7:00 Uhr einfach dort vorbei laufen und der junge Mann solle dann einfach bereit stehen. Mit Masood lief ich also in Richtung Schuberthalle. Masood fing im März 2016 so langsam an, auch ein paar Worte der deutschen Sprache in seinem Englischkauderwelsch unterzubringen. Das hörte sich lustig an, aber ich verkniff mir das Lachen. Er sollte ja mehr deutsch sprechen.

Als wir an der Halle ankamen, stand draußen bereits die Security und sagte uns, dass sich der junge Mann in der Halle schon warm liefe. Dann kam er raus und wir stellten uns vor. "Je suis Ousmani" sagte er. „Ok – Bonjour Ousmani. Das ist Masood und ich bin Lutz. Lass uns laufen." Unterwegs sagte ich ihm noch, dass ich auch immerhin schon auf französisch bis zehn zählen könne, was ihm ein breites Lachen verschaffte. Er ist aus Guinea in West-Afrika und da spricht man von Haus aus Französisch. Auf unserem ersten gemeinsamen Lauf begleitete Ousmani uns sieben Kilometer lang. Später waren Masood und ich uns einig, dass es ihm Spaß gemacht und etwas Ablenkung vom Hallenalltag verschafft habe. Wir haben uns für den folgenden Tag wieder verabredet. Gleiche Zeit – gleicher Ort. Ich konnte es gar nicht fassen, dass die ganze Welt nach Wermelskirchen kommt, nur um mit uns durch die Stadt zu laufen.

Geltungssucht?

Wozu schreibe ich das hier?

Am 10. März 2016, meinem Täglichlaufentag 1.530 schrieb ich nach dem Morgenlauf in meinen Blog:

In dieser Woche kam es mir wieder mal so vor, dass man denken könnte, ich schriebe hier, um Geld damit zu verdienen oder aus Geltungssucht. Darüber dachte ich nochmals nach und sprach mit Anja darüber, ob das auf sie so wirke. Sie schloss das aus. Geld verdienen durchs Bloggen, das kann ich sofort verneinen.

Mein Blog ist bis jetzt komplett frei von Werbung und jeglicher Monetarisierung. Im Gegenteil. Es kostet mich viel Zeit und Geld.

Dann kam ich in meinen Überlegungen zum Punkt der Geltungssucht. Schreibe ich, um bei anderen Menschen in einem guten Licht zu stehen? Um ein Star zu sein? Ein Prominenter? Um im Scheinwerferlicht zu stehen? In gewisser Weise muss ich einige dieser Punkte bejahen. Sicher! Warum? Weil ich der Überzeugung bin, dass ich etwas bewegen kann. Dass wir etwas bewegen können. Mit echten, ehrlichen und ungefilterten Berichten über den Laufsport und die Flüchtlingshilfe. Schreibe ich, um damit bei anderen Menschen in einem guten Licht zu stehen? Ja, frei nach dem Motto „Tue Gutes und sprich darüber“, denn wenn man mit einer positiven Einstellung Problemen begegnet und sie damit überwindet, dann zeigt man anderen Menschen, dass es sich für alle lohnt, sich einzusetzen. Um ein Star zu sein? Ein Star, welch ein großes Wort. Ein Stern, leuchtend aus der Dunkelheit. Licht im Dunkeln. Eine Chance in dem ganzen Negativismus ... dann ja. Ein Prominenter? In der Öffentlichkeit bekannt? Auf jeden Fall ist es sehr hilfreich, wenn man als Flüchtlingshelfer öffentlich bekannt ist. Um im Scheinwerferlicht zu stehen? Das Scheinwerferlicht fällt auf alles, was in irgendeiner Form von Interesse für die Menschen ist. Egal, ob es gute oder schlechte Dinge sind. Natürlich wird nicht alles vom Scheinwerfer erfasst. Wir berichten hier über unseren Teil im Scheinwerferlicht. Hier geht es nicht um weiter, höher, schneller, mein Haus, mein Auto und meine Pferdepflegerinnen. Hier geht es um unseren Weg und unsere Begleiter. Um Motivation – nicht um Abschreckung. Ums Mitnehmen – nicht ums vorneweg laufen. Um Gemeinsamkeiten – nicht um Unterschiede.

Und das muss ich immer wieder erzählen.

Jetzt auch als Zusammenfassung hier in diesem Buch.

Erste Wettläufe

Am 28. März 2016 sollte der siebte Osterlauf des Turnvereins „Frisch auf“ Lennep e.V. stattfinden. Unsere Initiative „Willkommen in Wermelskirchen“ war mit drei Läufern gemeldet. Rahul sowie Bulbul aus Bangladesch und Masood aus Pakistan.

Acht Tage zuvor, am 20. März, liefen wir über die Rennstrecke einen Testlauf in gemäßigtem Tempo. An diesem Testlauf nahmen auch Oliver und ich teil. Als Trainer sozusagen. Auf den ersten zwölf Kilometern sind Oliver, Masood, Rahul, Bulbul und ich gelaufen und nachdem sich Oliver und Masood verabschiedet hatten, ist der Rest der Truppe dieselbe Runde noch einmal gelaufen. Jetzt wissen unsere drei Renner wenigstens genau, wo das Rennen lang geht und an welchem Berg sie so richtig auf die Tube drücken müssen. Es war sehr anspruchsvoll, aber auch sehr schön. Der Osterlauf konnte also kommen.

Zum Rennen benötigten wir natürlich vernünftige und vor allem einheitliche Laufshirts, welche freundlicherweise von einer Firma in Wermelskirchen gesponsert wurden. Jetzt konnte nichts mehr schief gehen.

Dann kam der Tag des Wettkampfes. Ein weiterer Läufer der Flüchtlingsinitiative wurde kurz vor dem

Start noch nachgemeldet. Ousmani aus Guinea. Jetzt waren es vier Teilnehmer unserer Laufgruppe aus Wermelskirchen. Sie kamen vor kurzer Zeit aus Pakistan, Bangladesch und Guinea. Masood, Bulbul, Rahul und Ousmane. Sie hatten bisher nichts mit Laufen zu tun. Sie trainierten fleißig. Heute fand ihr offizielles Läuferdebüt statt. Der zwölf Kilometer Osterlauf in Remscheid-Lennep. Es war ein spannendes Rennen bei schlechten Wetterbedingungen und rutschigen Wegen, aber die Leistungen waren für das erste offizielle Rennen wirklich super.

Und hier die Ergebnisse:

Masood Gesamtplatzierung 34. in 0:57:03

Bulbul Gesamtplatzierung 69. in 1:00:37

Rahul Gesamtplatzierung 77. in 1:01:56

Ousmani Gesamtplatzierung 109. in 1:06:01

Jetzt war es offiziell. Ab diesem Zeitpunkt waren sie ganz offizielle Läufer.

Das nächste Event für die Laufgruppe war dann am 16. April, gute 3 Wochen später, der Stadtlauf in Wermelskirchen. Bisher sah es recht mau aus, was die Fitness der Laufgruppe anging. Rahul war erkältet, Bulbul schmerzte der Knöchel, Ousmane hatte ein dickes Knie und musste nächste Woche in die Radiologie und heute war Masood mit mir auf Tour gelaufen und dabei umgeknickt. Mensch, hatten die Jungs ein Pech an den Hacken. Es kam noch schlimmer, denn nachdem Bulbul seinen Arztbesuch wegen des schmerzenden Knöchels hinter sich hatte, kam er mit einem schönen blauen Gipsverband zurück. Eine Fraktur durch einen falschen Tritt beim letzten Wettkampf in Lennep. Das bedeutete sein Aus für den Start beim Stadtlauf in Wermelskirchen.

Der Tag es Wettkampfes.

Ich für meinen Teil lief weiterhin morgens nach meinem Täglichlaufenkalender. An diesem Tag zum 1.567. Mal in Folge und mittlerweile mit 36.259 Kilometern im Streak. Es sog mich Kilometer für Kilometer an die 40.000 Kilometergrenze heran. Wie ein Strudel im Wasser. Nach dem Morgenlauf und unserem ausgiebigen Obst-Frühstück machten wir uns auf den Weg in die Stadt. Wir waren nur als Zuschauer für unsere Laufgruppe der Initiative „Willkommen in Wermelskirchen“ bestehend aus Masood, Rahul, Said, Patrick, Ali und Riaz dabei. Bulbul und Ousmane waren leider verletzungs- beziehungsweise krankheitsbedingt nicht mit am Start.

Bulbul hatte sich ja was am Fuß gebrochen und Ousmanie musste sich unbedingt seines

Blinddarms entledigen. Und dann ging es auch schon los.

Die Jungs aus Pakistan, Bangladesch und Syrien standen ganz vorne an der Startlinie. Es folgte der Startschuss. Sie rannten los und führten das Feld der Läufer auch erst mal an. Bis es den ersten Berg hinauf ging. Ab hier verloren sich die Siegesträume der Jungs. Jetzt galt es, noch gute Plätze zu erlaufen, und nach Runde drei von acht war Ali der erste Läufer unserer Gruppe, der wieder am Tisch bei einer Tasse Kaffee saß – Bravo. Ali ist eben immer der Erste. Und jetzt braucht niemand zu lachen, denn eigentlich war Ali gar nicht eingeplant. Er hat nämlich gar nicht für diesen Lauf trainiert und war nur eingesprungen, weil Ousmanis Blinddarm gestern raus wollte. Da Ali aber als Zuschauer dabei war, haben wir/ich ihn so lange bequasselt, bis er sich das Shirt überzog, sich rasch noch aufs Fahrrad schwang und seine Laufschuhe holte. Pünktlich zum Start war er wieder da. So ist Ali! Ihm folgte eine Runde später Riaz und auch er wurde für seine Leistung genauso beklatscht wie Ali. Doch dann kamen die Cracks der Truppe nacheinander ins Ziel nach zehn Kilometern Rumgerenne durch unsere Kleinstadt. Erst lief Masood über die Ziellinie, gefolgt von Rahul, Patrick und Said. Ein durchaus gelungener Stadtlauf für die Mannschaft von „Willkommen in Wermelskirchen“. Zum Auslaufen gesellte sich

Rahul noch zu Daniel, dem Star der Bergischen Läuferszene, um von ihm vielleicht einige Tipps zu bekommen. Sie sind noch gemeinsam etwas ausgelaufen. Leider waren die Ergebnislisten nicht korrekt und somit wissen wir nicht, mit welchen Zeiten die Jungs gelaufen sind. Aber was sind schon Zeiten, wenn es doch eigentlich nur um Gemeinschaft und Laufen geht.

~

Ich finde es wirklich gut, wenn Leute das tun, was sie können.

~

Warum?

Und immer wieder stellt man mir diese Frage:

Warum macht man dieses Täglichlaufen?

Weil es einen Rhythmus bringt.

Einen Rhythmus für den Körper.

Einen Rhythmus für die Seele.

Einen Rhythmus für das ich.

Aber ganz nett langweilig, wenn man nicht selbst für die entsprechende Abwechslung sorgt.

Extremum - Optimum - Prinzip

Auch für Täglichläufer gilt es, sich ökonomisch zu verhalten. Ich laufe nach dem Extremumprinzip, auch Optimumprinzip genannt, und habe dabei folgendes Ziel: Ein optimales Verhältnis zwischen zurückgelegter Strecke und verbrauchter Energie und Verschleiß zu erreichen. Da es sich aber bei mir nicht um eine Maschine handelt, ist es zudem erforderlich, auch die psychische Be- und Entlastung in mein ökonomisches Extremumprinzip einzubeziehen. Alles in allem muss es also eine runde Sache ergeben und das auf sehr lange Sicht. Es muss zusammenpassen. Laufstile, Motivationen, Abwechslungen, Kraftaufwand, Ernährung, Farben, Gerüche, Geschmäcker, Gefühle, Umgebung, Menschen. Ich beobachte das nun seit dem Beginn meines Streaks am 02. Januar 2012 und stelle zwischenzeitlich immer wieder an einer der vielen „Stellschrauben" herum. Da etwas mehr und dort etwas weniger. Mittlerweile habe ich ein Gefühl dafür entwickelt, vergleichbar einem Extrasinn, der mir genau sagt, was jetzt zu tun ist oder was eben genau jetzt lieber nicht getan werden sollte.

Ich las einen Zeitungsartikel über einen Läufer am Bodensee, der auch schon seit 790 Halbmarathons und 16.669 Kilometer unterwegs war. Das zeigte mir, dass ich nicht der einzige Verrückte auf dieser Welt bin und beruhigte mich ungemein. Auch er wird sicher ökonomisch Laufen und für sich herausgefunden haben, wie er sich einstellt. Es ist eben nicht damit getan, mal eine kurze Zeit täglich zu laufen und dann zu glauben, dass man so etwas einfach einmal machen kann, wenn die Zeit es zulässt. Nein, so ist das nicht. Es kommt eher dem Gedanken nahe, einen Marathon laufen zu wollen. Einen, der aber am nächsten und nächsten und nächsten und nächsten Tag weitergeht. Dann spürt man irgendwann, dass die Belastung physisch und psychisch zu groß wird und reduziert die Strecke oder läuft entsprechend langsamer oder anders. Aber immer nach dem Extremumprinzip. Ja es gab auch schon Menschen, die über ein ganzes Jahr lang jeden Tag einen Marathon liefen. Dann war aber Schluss. Hier liegt ein anderes ökonomisches Prinzip zu Grunde – Das Minimalprinzip – bei dem das Ergebnis Konstant bleibt und kalkulierbar vom Aufwand und vom Ergebnis her. Aber auch das bedarf einer ökonomischen Einstellung.

Heute am 27. April 2016 war es bei mir Tag 1.578 im Streak mit 36.530 km. Ökonomisch gelaufen.

Der Schlüssel

Der 27. Juni 2016, Tag 1.639 meines Täglichlaufenprojekts mit nun 38.032 Kilometern und es fehlt nicht mehr viel zur Weltumrundung.

Auf meinem heutigen Morgenlauf wurde ich von meinen drei Bodyguards Ousmani, Rahul und Bulbul begleitet. Als bekannter Star aus Rundfunk, Zeitung und Fernsehen braucht man solch eine Truppe.

Bulbul begleitet mich derzeit ohnehin mit dem Rad, weil er während des Ramadan nicht läuft. Bei Rahul und Ousmani liegt die Sache etwas anders. Die zwei müssen zwei Wochen lang jeden Tag ins Berufsbildungszentrum der Industrie nach Remscheid. Da haben sie sich gedacht, einfach schon etwas früher zu starten und uns auf unserem Weg bis hinauf nach Lennep zu begleiten.

Als ich dann auf dem Rückweg mit Bulbul wieder alleine war, erzählte er mir von seinem Wunsch. Er sagte: „Ich wünsche mir einen Schlüssel, mit dem ich alles machen kann“ Was für einen Schlüssel? fragte ich. Einen Werkzeugschlüssel oder einen Allzweckschlüssel für alle Türen? „Nein einen Schlüssel, mit dem ich zum Beispiel schönes Wetter einschalten kann oder mit dem ich alles gut machen kann… Gibt es so einen Schlüssel?“ Ich antwortete ihm: Ja, natürlich gibt es diesen Schlüssel. Das ist der Schlüssel zum Glück. Den bekommt man, wenn man nur genug dafür tut und man auch daran glaubt, dass es ihn gibt. Man muss nur lange und viel dafür arbeiten. So ganz von alleine und ohne Einsatz findest du ihn nicht.

~

Ich habe bisher nur von einem Läufer-Knie gehört, aber noch nie von einem Jogger-Knie. Deshalb jogge ich.

~

Heute fange ich ein Huhn

07. Juli 2016 und Tag 1.649 im Täglichlaufen.

Ich wurde von Bulbul zum Laufen abgeholt und wir joggten erst einmal die Grünestraße hinauf.

Eigentlich wollte Rahul heute nicht mit uns laufen, aber als wir gerade oben am Hotel zum Schwanen angekommen waren, hechelte er hinter uns her und wollte doch mit. So ist das mit den Jungens.

Wir liefen dann zu dritt bis in die Beltener Straße, weil Rahul sich von Bulbul etwas Öl zum Kochen borgen wollte. Er transportierte das Öl in einer

Plastiktüte. Das ging ruckizucki und dann drehten wir noch eine Runde gemeinsam um den Block, bevor Rahul wieder nach Kolfhausen lief und ich Bulbul nach Hause brachte.

Ab hier lief ich dann wieder alleine. Heute nach Lennep, der gerade aufgegangenen Sonne entgegen. Mit saucooler Sonnenbrille auf der Nase. Als ich kurz vor dem Lenneper Bahnhof an den Schrebergärten vorbei kam, stolperte ein aufgeregtes Huhn über die Balkantrasse und verunsicherte die Radfahrer zusehends. Das Huhn hatte anscheinend den Weg über den Zaun in die Freiheit gefunden und der dazugehörige Hahn krähte sich die Gurgel wund, dass „die Alte" doch bitte wieder zurück ins Gehege kommen möge. Fast wie im richtigen Leben. Ich lief erst mal weiter bis zur Lüttringhauser Straße, meinem Wendepunkt, und drehte um. Wieder an der Stelle mit dem Huhn angekommen, fasste ich den Entschluss, dem Hahn sein Huhn zurückzubringen und legte meine überaus coole Sonnenbrille neben das Smartphone an die Seite der Trasse. Ich muss gestehen, dass ich bisher noch nie ein Huhn gefangen habe. Geschweige denn mit bloßen Händen. Aber es gibt noch viele andere Dinge, die ich noch nie gemacht habe. Man muss halt einfach eins nach dem anderen machen und heute fange ich eben ein Huhn. Zuerst etwas im Kreis, dann Trasse auf und Trasse ab, dann wieder im Kreis...

Nun, als besonders effektiv erwies sich das nicht und so änderte ich die Strategie. Ich jagte das Huhn zum Zaun und hier lief es mal nach rechts und mal nach links, so dass ich besser planen konnte, an welcher Stelle meine Falle zuschnappen sollte. Nach vier, fünf mal hin und her packte ich dem Huhn ins Gefieder und hielt es ganz fest. Da half alles Zappeln nichts: ich warf das Huhn über den Zaun zu den anderen Hühnern. Gackgack. Das Huhn musste zurück zum Hahn und der bedankte sich freundlich mit einem wollüstigen Kickerikie. Meine gute Tat des Tages. Jetzt nur noch nach Hause.

The final 32 day Countdown

Am 18. August 2016 startete mein Countdown. Der letzte Countdown zum Erreichen meiner Weltumrundung im Täglichlaufen. Es war mein 1.691. Lauftag in Folge und ich hatte bereits 39.307,6 Kilometer hinter mir. Nur noch 769 Kilometer to run oder, anders gesagt, zweiunddreißig Tage in Folge laufen.

Ab sofort war ich hochgradig nervös. Zwei örtliche Tageszeitungen wollten über mein Vorhaben berichten, die Erde möglichst schnell im Täglichlaufen zu umrunden, und das machte mich noch einmal um ein Vielfaches unruhiger. Ich weiß nicht, ob man sich das vorstellen kann: aber so kurz vor dem Ziel nur einmal blöd umknicken, einmal stürzen und sich dabei etwas verrenken oder eine schwere Grippe würden mein Vorhaben scheitern lassen können. Nur ein Tag nicht laufen würde mehr als viereinhalb Jahre Täglichlaufen über den Haufen werfen und ich müsste wieder bei Tag eins und Kilometer eins beginnen.

Ich musste von diesen “Wenn und Aber”-Gedanken weg und überlegte mir die eine oder andere ablenkende Gedankenspielerei. Zum Beispiel beschäftigte ich mich mit der von mir schon gelaufenen Strecke und im Besonderen mit dem Gefühl für diese Entfernung. Eine mathematische Spielerei quasi. Bis Tag 1.694 joggte ich virtuell in meinem Streak, der am zweiten Januar 2012 begonnen hatte, die Strecke ins 695 Kilometer entfernte Bad Ischl in Österreichs schönem Salzkammergut. Das ist ja gar nicht so weit entfernt und quasi ein Besuch in der Stadt, in der sich die Österreichische Kaiserin Sissi mit ihrem Kaiser herumgetrieben hatte. Ich joggte nur andersherum dorthin, entgegengesetzt auf der Weltkugel. Eine verrückte Vorstellung. Aber so etwas lenkte mich ab.

Und dann meldeten sich auch einige Fotografen der Tageszeitungen, um die kurz bevorstehende Fertigstellung meiner Erdumrundung ins rechte Bild zu rücken. Ich bekam zum Beispiel einen Anruf vom Fotografen, der mit mir einen Termin für ein Läuferfoto ausmachen wollte.

"Wann könnten wir uns treffen?"

"Ich laufe jeden Tag zwischen 6:15 und 9:00 Uhr."

"Geht es nicht auch mal am Nachmittag?"

"Ich laufe jeden Tag zwischen 6:15 und 9:00 Uhr, aber Sie können sich auch ein Bild malen."

"Ich melde mich später nochmal."

Er meldete sich später und dann übernahm den Termin ein Kollege, um 8:00 an der Remscheider Talsperre.

Kurz vor dem Ziel

Wie man sich fühlt?

Wie fühlt man sich kurz vor dem Ziel eines 10 Kilometer Laufs?

Wie fühlt man sich kurz vor dem Ziel eines Halbmarathonlaufs?

Wie fühlt man sich kurz vor dem Ziel eines Marathonlaufs?

Wie fühlt man sich kurz vor dem Ziel eines Ultramarathon 100 Kilometer Laufs?

Wie fühlt man sich kurz vor dem Ziel eines extremen Ultramarathon 5.231 Kilometer Laufs?

Wie fühlt man sich kurz vor dem Ziel eines extremen 21.000 Kilometer Laufs?

Wie fühlt man sich kurz vor dem Ziel eines extremen 37.000 Kilometer Laufs?

Wie fühlt man sich acht Tage vor dem Ziel eines 40.076,6 Kilometer Laufs im Täglichlaufen ohne Pausentag?

Nach der heutigen Etappe an Tag 1.715 ganz gut.

Nur noch acht Tage und acht Läufe.

~

Solange du darüber nachdenkst, bist du nicht bereit.

~

40.000 Kilometer ohne Pausentag

Der 16. September 2016 und Tag 1.720 meines Täglichlaufenprojekts.

Paul lag noch eingerollt neben mir, als ich mir für meinen heutigen Morgenlauf die Schuhe anzog. Kein anderer Läufer hatte sich angekündigt, um mich zu begleiten und so bin ich alleine losgezockelt.

Erst mal nicht weit, nur knappe sechs Kilometer musste ich laufen, bis ich die magische Marke von vierzigtausend Kilometern im Täglichlaufen erreicht hatte. Es war oben in Bergisch-Born. In Remscheid und nicht in Wermelskirchen. Aber warum auch nicht in Remscheid? Hatte ich doch so viele Kilometer der letzten Jahre auf und über Remscheider Gebiet gelaufen. So hüpfte ich über die vierzigtausender Marke und freute mich wie Bolle, dass es immer noch so gut läuft auf diesem "Extrem-Ultramarathon-Äquator-40076,6-km-im-Täglichlaufen". Jetzt waren es nur noch wenige Kilometer und voraussichtlich werde ich in drei Tagen um ungefähr 7:15 Uhr in Wermelskirchen auf der Telegrafenstraße die Erdumrundung beenden. Ich hüpfte wirklich vor Freude.

Vierzigtausend Kilometer ohne auch nur einen Tag Pause.

Ziel - Ich könnte jetzt aufhören

Der 19. September 2016. Tag 1.723 in Folge.

Nach vier Jahren, acht Monaten und achtzehn Tagen war er plötzlich da, dieser für mich mittlerweile so wichtige Tag in meinem Leben.

Der Tag, an dem mein Projekt “Täglichlaufen” seinen (ersten) Höhepunkt erreichen sollte.

Ein "Ziel". Ein "Fertig sein". Ein "Hier könnte ich jetzt mit gutem Gewissen einen Stop, einen Halt, eine Pause einlegen".

Wegen der an diesem Morgen noch fehlenden nur neun Kilometer zur Erdumrundung war ich fürchterlich nervös. Ich zitterte innerlich und nahm viele Dinge um mich herum gar nicht richtig wahr. Begleitet wurde ich auf diesem Ziellauf von Steffen, den ich extra dafür eingeladen hatte, Bulbul, Saidou, Masood und Hoshank. Sie versuchten, mich auf den letzten Kilometern von meiner für alle spürbaren Nervosität abzulenken. Doch so richtig funktionierte das nicht. Im Magen war es mir komisch und beim Überlaufen der Ziellinie war es mir schwindelig vor Freude. Ich weiß bis heute nicht, ob das jemals vor mir jemand gemacht hatte. Einmal so schnell wie möglich um die Welt zu joggen. Einen extrem ultralangen Lauf über so eine

Distanz mit nicht einem Tag Pause. Ohne durch Krankheit oder Verletzung auszufallen. Als Täglichläufer, oder wie man neudeutsch sagt: als Streakrunner. Kurz gesagt - ohne Ausreden. Virtuell um die Erde am Äquator. 1.723 Tage (vier Jahre, acht Monate, achtzehn Tage) hintereinander. 40.076,6 Kilometer Laufstrecke, der Erdumfang am Äquator. Mit 514.354 Metern bergauf und auch wieder bergab. Mit einer aktiven Zeit von 4.079 Stunden, acht Minuten und zwanzig Sekunden reiner Laufzeit.

Start war am 02. Januar 2012 um 6:15 Uhr. Im Ziel war ich am 19. September 2016 um 7:15 Uhr.

Auf die Frage der Reporterin im Ziel: "Ist denn jetzt Schluss mit der Lauferei?", antwortete ich: Nein - Ich laufe ja morgen wieder.

The day after - Was machst du jetzt?

Der 20. September 2016, Tag 1.724 in Folge und Tag Eins nach der Weltumrundung.

Heute war dann Tag 1.724 in meinem Streak und ich lief erst einfach mal los. So wie an jedem Tag. Ohne mir großartig Gedanken zu machen, dass ich ja gestern ein so großes Ziel erreicht hatte und was darauf nun folgen sollte. Ein Schritt nach dem anderen. Erst die Grünestraße rauf und dann weiter... Unterwegs kam mir ein Kommentar meines Facebook-Freundes Sebastian in den Sinn:

„Nicht nur den Respekt vor den Kilometern, die eigentlich irgendwie zu schaffen sind. Toll, jeden Tag sich kontinuierlich aufzuraffen, zu jedem Wetter, mit jeder Laune und jeder Gesundheit."

Ob das wirklich irgendwie zu schaffen ist? Keine Ahnung. Ich hab´s gemacht.

Dann fragten viele: „Was machst Du jetzt? Was ist dein nächstes Ziel?" Hilfe bekam ich dadurch, dass die Erde von weitem betrachtet ungefähr die Form einer Kugel besitzt. Und eine Kugel hat eine Strategie. Sie eckt nicht an. Sie rollt. Sie prallt von Hindernissen ab. Und wenn man auf einer Kugel läuft, dann geht es irgendwie immer weiter.

So lief ich heute zur Eschbachtalsperre mit der Sicherheit, auf einer Kugel zu laufen.

Und in ein paar Tagen ist der Trubel um diese Erdumrundung auch wieder verflogen. Wobei ich nicht sagen will, dass ich diesen Trubel nicht mag. Ich mag ihn. Aber in ein paar Tagen sind die Wogen wieder geglättet, wie die Oberfläche der Talsperre.

Bulbul fragte mich: "Wie weit läufst Du heute?" Ach, ich schau mal.

Anja fragte mich: “Bist Du wieder so weit gelaufen?” Ich grinste.

~

“Wann hast du dich entschieden Streakrunning zu machen?” Als ich gemerkt habe, dass sechs mal die Woche laufen auch sieben mal die Woche geht.

~

Läufer, Wanderer, Flüchtlingshelfer

Mittlerweile verbrachten Anja und ich unsere Zeit fast nur noch damit, morgens zu laufen, nachmittags zu wandern und zwischendurch neue Wermelskirchener zu betreuen. Es mussten Ausbildungsplätze und Wohnungen gesucht, es mussten amtliche Papiere ausgefüllt und Praktikumsplätze beschafft werden. Über dies hinaus bedurften persönliche zwischenmenschliche Beziehungen der Pflege.

In dieser Zeit gab es hier wirklich viel zu tun und ohne die vielen Helfer in unserer Kleinstadt hätte das niemals funktioniert. Doch wir haben uns einfach an die simple menschliche Lösung gehalten. Wir haben diese Sache gemeinsam angepackt. Wir einheimischen Helfer und die

Flüchtlinge aus aller Herren Länder. Leider entwickelte sich in Deutschland eine Antikultur gegen die Menschlichkeit und es gab immer mehr neuen Hass, geschürt von bestimmten politischen Kräften. Viele kleine Lokalpolitiker sahen darin ihre Chance, auch einmal eine dicke Lippe riskieren zu können, und grölten gleich mit ins Horn der Schreihälse. Wir bekamen Droh-Emails und wurden öffentlich in den sozialen Medien beleidigt. Brandstifter an allen Ecken und wir mit unseren geflüchteten Freunden mittendrin. Die Höflichkeit zueinander ging den Bach hinunter. Und was machte ich?

Ich joggte mit Flüchtlingen durch die Gegend, wenn sie neben der Ausbildung oder Schule dafür Zeit hatten.

Eine ganz neue Erfahrung

Doch dann passierte das, wovor ich mich lange Jahre gefürchtet hatte. Am 16. Oktober 2016. Täglichlaufen Tag 1.750.

Vor zwei Tagen fing es an, dass ich während des Laufens, so zwischen Kilometer zwölf und fünfzehn, im Schulterbereich ein „lahmes Gefühl" verspürte und später im Lauf mehr und mehr an Kraft verlor. Das passiert schon mal, ist aber meist am nächsten Tag wieder ok. Diesmal nicht, denn gestern wurde es noch schwieriger.

Es war mir nicht möglich, meine vierundzwanzig Kilometer abzuspulen, ohne zwei bis drei mal stehenzubleiben. Absolute Kraftlosigkeit. Erstmalig in meiner Laufkarriere. Ich kannte so etwas in dem Maße bisher nicht. Jetzt schon. Zum Glück kann man während des Laufens einfach mal stehenbleiben.

Also plante ich für den heutigen Morgen etwas anderes. Ich plante, mit dem Auto den Bulbul abzuholen und dann zur Eschbachtalsperre zu fahren. Dort ist eine kleine Runde ums Wasser knappe drei Kilometer lang und hier wollte ich so lange laufen, bis es reicht. Das Gefühl, jederzeit stoppen zu können und doch nicht irgendwo in der Pampa zu stehen, erschien mir sinnvoll zu sein. Zusätzlich meldete sich auch Masood gestern Abend noch per WhatsApp und wollte mit. So weit so gut, dachte ich.

Am gestrigen Abend bekam ich allerdings Erkältungssymptome. Kein Husten, kein Fieber, kein Schnupfen, aber ein Gefühl von Mattheit und ein total heißes Gesicht. Das wurde schlimmer und so ging ich ins Bett. In der Nacht wurde es noch etwas übler, aber ich schlief dann doch ein. Später wurde ich irgendwann wach und stellte fest, dass die Symptome nachgelassen hatten. Das Gesicht fühlte sich wieder normal an, die Nase war frei und ich fühlte mich gut. So, dachte ich, „alles tutti“, dem Lauf an der Talsperre steht nichts mehr im Weg und jetzt noch ein paar Stunden schlafen. Dann ging der Wecker wie jeden Tag um 5:30 Uhr und ich ging ins Bad. Dann passierte es. Plötzlich wurde es mir schwindelig und mein Kreislauf brach zusammen. Da ich meinen Körper aber sehr gut kenne, legte ich mich schnell hin und die Beine hoch. Kalter Schweiß auf der Stirn, leichte Übelkeit und das war dann das Aus für die Aktion an der Talsperre. Ach, wie blöd. Da hat mich also ein Virus besucht und den Lutz kaputt gemacht. Ich sagte meinen Laufpartnern Masood und Bulbul per WhatsApp und Messenger ab und überlegte mit Anja, nur den Streakerhalt zu laufen. Gesagt, getan. Draußen an der frischen Luft fühlte sich mein Körper gut an, aber ich spürte doch wieder diesen totalen Kraftverlust. So bin ich mit Anja bis zur Kreuzung in Tente gejoggt und dann wieder zurück. Zwei Kilometer. Nur zum Erhalt der Serie. Für mich eine ganz neue Erfahrung. Eigentlich hätte ich das ja mit einem Lächeln beiseite gewischt. Eigentlich.

„Irgendwas ist immer“. Aber diesmal nicht. Diesmal war es anders. Es war anders, weil ich Angst hatte. Ich hatte Angst vor der Angst. Ich habe Angst vor Dingen, die ich nicht kontrollieren kann. Ich habe eine Angstneurose und die schon seit Jahrzehnten.

Das Laufen und die Bewegung draußen, das Wandern mit Frau und Hund macht es einfacher, damit umzugehen, die Angst beinahe zu vergessen. Jetzt ist es neun Jahre her, dass ich den letzten schweren Angstanfall hatte. Anscheinend war es mal wieder an der Zeit. Hinzu kamen die nicht wenigen Hinweise, dass es sich bei meiner Schlappheit wohl um ein Herzproblem handeln könnte. Ein Problem des Internets sind diese vielen Ratschläge der Pseudo-Ärzte und der übervorsichtigen Kommentatoren. „Ich will dich ja nicht verrückt machen, aber ich würde mal zum Arzt gehen und das abklären lassen!"

Jetzt geschieht bei dem Menschen mit der Angstneurose das, was er am wenigsten brauchen kann: seine Angstspirale fängt an, sich zu drehen ... Nachdem ich dann zwei Angstanfälle hatte, bei denen ich jeweils meine Kleidung waschmaschinennass geschwitzt hatte und unter Todesangst litt, entschloss ich mich dazu, die 112 anzurufen und dem ein Ende zu bereiten. Ich wollte nicht sterben, noch nicht, schon mal gar nicht nur aus Angst vor etwas, was es wahrscheinlich gar nicht gibt. Zuerst kam die Feuerwehr mit einem Löschfahrzeug, weil die Rettungsfahrzeuge alle wegen schwerer Verkehrsunfälle im Einsatz waren. Herzlichen Dank an den Trupp von der Städtischen Feuerwehr Wermelskirchen. Sie versorgten mich prima und vor allen Dingen beruhigten Sie mich.

“Da läuft der gerade mal um die ganze Welt und dann liegt er hier faul auf dem Sofa rum” sagte einer meiner Retter. Und weiter: “Die erste Diagnose lautete RIK-Syndrom. EKG o.k., Sauerstoffanteil im Blut o.k., Puls o.k., Blutdruck o.k.” Ich war beruhigt. Also eindeutig das RIK-Syndrom (Ratsch-Im-Kappes). Dann kam der Rettungswagen aus Remscheid und nun standen sechs Feuerwehrleute und Anja in unserem Wohnzimmer. Wollen sie ins Krankenhaus? Ja ich will ins Krankenhaus! Vielen Dank auch an den Trupp der Feuerwehr Remscheid für den freundlichen Transport und das nette Gespräch unterwegs.

Im Krankenhaus angekommen, begann das ganze Prozedere von vorne. EKG, Blutdruck, Puls, die Lunge röntgen und Blutwerte checken und viele Gespräche mit den Ärzten, was ich so mache und warum ich meine, einen Herzinfarkt zu haben. Ich erklärte den Ärzten, dass es im Internet, auf meinem Blog von heute morgen eine ganze Menge netter Leute gab, die mir den durchaus freundlichen und gut gemeinten Rat gaben, sich doch mal abchecken zu lassen und dass dadurch meine Angsterkrankung dazu beigetragen hat, doch lieber die 112 anzurufen. Jetzt war ich also im Krankenhaus und wurde wunschgemäß komplett auf Herz und Nieren geprüft.

Anja hat mir die Laufschuhe, eine Laufhose und ein Laufshirt mitgebracht und das erste Trainingsgerät habe ich auf meinem Krankenzimmer in Gegenwart von Bulbul und Anja schon getestet. Mein vollautomatisch verstellbares Krankenbett.

Nun ging es los mit den Untersuchungen. Ich hatte zwar recht gut geschlafen, allerdings nicht so gut wie zu Hause. Mir schmerzte der Rücken etwas. Normalerweise laufe ich zu Hause erst einmal los. Damit erledigt sich das mit den Unbewegungs-Schmerzen dann ganz schnell, weil alles durchblutet wird. Hier bin ich erst mal in Warteposition, bis die Ärztin kommt. Als ich im Bad war und zurück ins Zimmer kam, war mein Bett schon gemacht und es war aufgeräumt. Etwas später kam die Schwester, hat den Blutdruck gemessen und den Puls. Dann sagt sie „... bei jedem normalen Menschen mit diesem Puls müsste ich mir jetzt Sorgen machen, aber Sie sind ja nicht normal..." Dankeschön. Ich fragte sie, ob ich noch Zeit hätte, um ein paar Kilometer „spazieren zu gehen", bevor die Ärztin kommt, und die Antwort war: Nein! Jetzt wartete ich auf die Ärztin und frühstückte erst mal. Die Ärztin erscheint. Ein bekanntes Gesicht. Ich kenne sie vom Laufen. Sie fährt meist mit dem Fahrrad zur Arbeit und dann sehen wir uns ab und zu. Es wird kurz besprochen, was noch gemacht werden soll. Eine Herz- und Halsschlagadern-Ultraschalluntersuchung und ein

Langzeit-EKG und Blutdruck messen. Dann fragte ich, wann es weitergeht und mir wurde gesagt, „um 9:30 Uhr geht es los“.

Jetzt war es 7:30 Uhr. Also brach ich das Frühstück ab und zog mir die Laufsachen an, um ein paar Runden um den Block zu drehen. Nur vier mal die Königstraße und Rot-Kreuzstraße, so dass ich auf zwei Kilometer komme. Nur Streakerhalt. Es war sehr befreiend. Dann ging ich wieder auf mein Zimmer, zog mir die leicht angefeuchteten Sachen aus und schon kam die Schwester und sagte mir in militärischem Ton: „Stop! Sie müssen jetzt sofort zur Untersuchung. Nicht mehr duschen, ziehen sie sich nur etwas trockenes an und kommen sie mit“ YES MA'AM SIR! Wie man in diesen Kreisen zu sagen pflegt. Im selben Moment kam noch eine andere Ärztin herein und nahm mir erneut Blut ab. Dann ging ich runter zur Untersuchung. Herz und Halsschlagadern funktionieren super. Ich ging wieder rauf auf mein Zimmer und bekam Besuch von Masood. Jetzt ging es Schlag auf Schlag. Immer wieder runter zu irgendeiner Untersuchung und wieder rauf und wieder runter und wieder rauf und wieder runter. Bei der letzten Untersuchung, der Bauchsonographie, wurde nichts festgestellt. Jedoch kam ein Arzt herein und war besorgt wegen meiner Leberwerte. Meine Leberwerte waren noch nie gut, aber jetzt sollen sie in kurzer Zeit rapide angestiegen sein. Und deshalb testen sie auf

Hepatitis (Leberentzündung). Es gibt sehr viele Formen der Hepatitis. Und es gibt Angst. Da war sie wieder. Dieses... „alles in Ordnung, aber“ hat wieder den Startknopf gedrückt. Ich ging wieder hinauf auf mein Zimmer und das Mittagessen wurde gebracht. Der Appetit war mir vergangen, aber ich aß dennoch. Das Essen war bestimmt sehr gut, aber ich schmeckte es nicht, weil mein Kopf das nicht zuließ. Alles war blöd jetzt. Etwas später kam Anja und bevor wir so richtig ins Gespräch kamen, stand schon wieder ein Pfleger in der Tür und holte mich zum Lungenfunktionstest nach unten. Das war auch ruckzuck erledigt und wir waren wieder oben, als Bulbul zur Tür rein kam. Dann gab es wieder eine Visite. Eine mit einer nicht so tollen Nachricht. Ich legte mich erstmal auf mein Bett. Die Leberwerte waren akut nach oben gegangen und es wurde eine Hepatitis vermutet. Daher auch die rapiden Leistungseinbußen der letzten Tage. Da die Leber ein lebenswichtiges Organ ist, gab es da nicht viel zu diskutieren. Und es gibt nur wenige Möglichkeiten der Therapie. Die wichtigste davon ist „absolute Ruhe“. Ja nee is klar.

Hallo. Leber an Großhirn. Leber an Großhirn: Dein Leben ist in Gefahr! Großhirn an Leber, Großhirn an Leber: Wir warten die morgigen Blutergebnisse ab.

Den Ärzten war bewusst, dass es für jemanden wie mich eine schwere Entscheidung ist. Es war ihnen bewusst, dass mein Körper sich an dieses Laufen gewöhnt hat. Es war ihnen bewusst, dass es mir fehlen wird. Und wisst ihr, wem das auch alles total bewusst war? Mir.

In der nächsten Nacht hatte ich sehr schlecht geschlafen. Ich machte mir natürlich Sorgen. Ich wusste aber auch, dass es keine andere rationale Lösung gab, als jetzt auf die nächsten Blutwerte zu warten und dann weiter zu schauen. Am Morgen um 7:00 Uhr kam eine Schwester herein, um mir das 24-Stunden-Blutdruckmessgerät und das Langzeit-EKG abzunehmen. Kurze Zeit später kam eine andere Schwester, um meinen Blutdruck zu messen. Und wieder kurze Zeit später kamen zwei Ärzte, um mit mir die Visite zu machen. Sie wollten also weiterhin mein Blut auf die Leberwerte hin genauer untersuchen und erst danach mit mir über eventuelle weitere Maßnahmen sprechen. Verständlich. Nochmals machte ich Ihnen deutlich, was „dieses Laufen“ für mich bedeutet und welchen Stellenwert es in meinem Leben hat. Sie verstanden nicht, was ich da machte. Sie sagten: „Wenn sie mal ein paar Tage pausieren, wird dadurch ihr Trainingszustand nicht schlechter.“ Ich lief jetzt seit nicht ganz fünf Jahren jeden Tag und hatte keine spürbare Einschränkung bei einer kurzen Strecke. Es wäre also eine gute Lösung für mich, um gesund zu werden. Ich war mir nicht sicher, immer noch nicht sicher, ob es wirklich eine

Vernunftentscheidung gibt. Ich mag auch verrückt sein. Doch sind es dann nicht auch die Menschen, welche jeden Tag kilometerweit mit ihrem Auto zu Ihrem Arbeitsplatz fahren, sich dabei Gefahren aussetzen, welche nicht minder lebensbedrohlich sind? Ich suchte keine Entschuldigung für eine eventuelle Fehlentscheidung. Ich versuchte nur abzuwägen. Dann brachten sie das Frühstück herein und ich hatte Hunger. Mitten während des Frühstücks kam wieder eine Schwester, um mir erneut Blut abzunehmen. Kein Problem, denn ich hatte noch etwas von dem roten Saft.

Alsbald startete der Besuchsmarathon. Nach dem Frühstück bekam ich Besuch von Masood und eine gute Stunde später auch noch von Shaharya, Amjad, Ishfaq und einem Bekannten von Shaharya. Sie brachten wieder reichlich Obst mit, genauso wie gestern schon Masood und auch Rahul. Viel zu viel für mich. Die Schwestern im Krankenhaus freuten sich. Dann kam Anja und etwas später auch Torsten. Und nach dem Mittagessen waren alle wieder weg. Aber nicht lange, dann kam Wolfgang und wir kamen gar nicht so richtig ins Gespräch, weil gerade mal eine Viertelstunde später Fowzi und seine Frau Naima zu Besuch hereinschneiten. Die beiden blieben lange und erzählten viel über ihre Flucht, weil sie mich erstmalig, seit wir uns kennen, für sich alleine hatten. Ja und dann kam auch die Christiane mit einer Tüte Schlümpfe, obwohl sie eigentlich eine Flasche Whisky mitbringen sollte. Frechheit. Und als Christiane wieder weg war, kamen Bulbul und Mustapha, wie immer mit guter Laune. Auch sie blieben einen Moment und dann kam Anja. Und jetzt war nochmal Visite.

Ergebnis: Die Leberwerte besserten sich. Das fand ich gut. Als die Behandler den Saal verließen, trat Reinhard hinein. In den Saal. Und weil wir noch viel Platz hatten, kamen auch noch Angelika und Andi mit ihrem Sohn Conny.

Und dann bin ich zuguterletzt noch schnell vier Runden um den Block gelaufen. Nur zwei Kilometer. Streakerhalt. Die Füße stillhalten, ist nicht mein Ding.

Am folgenden Tag liefen der Besuchs- und der Untersuchungsmarathon weiter. Meine Leberwerte besserten sich zusehends. Anscheinend kam mein Körper mit der Abwehr gut zurecht und machte einen guten Job. So konnte ich auch an diesem Abend einen zwei Kilometer Streakerhaltungslauf mit meinem bengalischen Freund Bulbul laufen.

“Wir laufen doch nur für Gesundheit”

Ich war immer noch im Krankenhaus. An diesem Tag und auch beim Laufen fühlte ich mich wirklich klasse und freute mich schon auf den nächsten Tag. So schnell wollte es aber nicht der nächste Tag werden, denn irgendwer hatte wohl etwas Schlechtes mit mir im Sinn.

Ganz plötzlich, von einer Minute auf die andere, fingen meine Schultern an zu schmerzen. Beide Arme taten höllisch weh bis in die Fingerspitzen und die Schulterpartie schmerzte bis in den Kopf. Ich wartete eine Stunde ab, ob das wieder von alleine weggeht, und lief in der Zeit wie ein Bär im Zoo in meinem Krankenzimmer auf und ab. Es war nicht mehr auszuhalten, so dass ich die Nachtschwester anklingelte. Ich bat um ein Schmerzmedikament, obwohl ich sowas ungerne einnehme. Doch ich konnte es nicht mehr aushalten. Zusätzlich rieb sie mir noch die Schulterpartie mit Voltaren ein, legte noch ein Wärmepack auf und ließ mich wieder alleine. Wieder eine Stunde später waren die Schmerzen immer noch in vollem Gange. Ich klingelte erneut nach der Schwester und sie rief jetzt einen Arzt. Der kam recht schnell und sah meine Verkrampfung. Das fand er genauso unlustig wie ich und gab mir ein krampflösendes Medikament.

Es dauerte weitere zwei Stunden, bis es anfing, besser zu werden und ich die Möglichkeit hatte, mich wieder ins Bett zu legen. Ich schlief ein.

Am nächsten Morgen wurde ich um 7:00 Uhr geweckt und verspürte Schmerzen in den Fingern, nur in den Fingern. Nachdem ich sie etwas bewegte, ließen auch diese Schmerzen nach. Bei der Visite erzählte ich von meiner tollen Extremsport-Nacht und bat darum, bei meiner heutigen Blutuntersuchung bitte auch noch auf Borreliose zu testen. Wurde gemacht. Und gleich darauf kam noch ein Knochendoktor, um den Grund für meine nächtlichen Schmerzen zu finden und Fango plus Massage sollte ich auch noch erhalten. Vorher wollte ich aber erst mal ausgiebig frühstücken und dann kam auch Anja. Meine Behandlungen liefen weiter, Fango, Massage und alles mögliche. Alles sehr angenehm. Und natürlich hatte ich die Bude auch wieder voll Besuch, bis dann die Visite kam. Ergebnis: Die Leberwerte waren weiter auf dem Sinkflug. Wenn das am nächsten Tag auch so sein sollte, dann könnte ich nach Hause. Aber sie wollten nochmal mein Blut und dafür bekam ich im Gegenzug erneut Fango und Massage. Ein guter Deal.

Zum Abschluss des Tages um 19:00 Uhr fand wieder der Wermelskirchener Krankenhaus-Run statt. Zum vierten mal zum reinen Streakerhalt.

Zwei Kilometer um den Block. An diesem Tag war Bulbul laufend dabei und Mady auf dem Fahrrad.

Am nächsten Tag wurde ich aus dem Krankenhaus entlassen und war sehr froh, dass mein Körper die Erkrankung in den Griff bekommen hatte. Es stellte sich heraus, dass ich eine Hepatitis E, entweder durch ein Virus, übertragen durch unseren Hund Paul, oder nicht richtig gegartes Fleisch bekommen hatte. Dieses Virus zeigte sich im Nachhinein auch für meine starken Schmerzen in der Schulter verantwortlich, indem es einen Nerv zerstört hatte. Das alles wurde aber erst Ende des Jahres geklärt. Nach meinem Krankenhausaufenthalt lief ich eine Weile fünf Kilometer und dann steigerte ich mich Schritt für Schritt wieder auf meine üblichen Streckenlängen. In dieser Zeit des Wiederaufbaus waren mir die Jungs aus Guinea, Bangladesch und Pakistan eine große Hilfe. Alleine schon durch ihre Begleitung und das Vertrauen, welches sie mir entgegenbrachten. Wenn einem jemand vertraut, dann gibt das Stärke. Finde ich. Rahul aus Bangladesch sagte am 30. Oktober 2016 und meinem 1.764. Lauftag in Folge folgenden beruhigenden Satz zu mir:

“Dein großes Ziel war es, um die Erde zu laufen. Das hast du erreicht. Vielleicht sagt dein Körper dir, dass er jetzt einen Moment zurückschalten möchte. Du hast das Ziel erreicht, was sonst noch keiner so gemacht hatte. Jetzt will es dein Körper vielleicht etwas ruhiger. Wir laufen doch nur für Gesundheit.“

Ich glaubte ihm.

Das ich den Streak nicht habe abreißen lassen, fühlte sich für mich auf jeden Fall richtig an.

~

Keine Ahnung, wie das geht. Ehrlich gesagt, habe ich möglichst versucht, allen guten Ratschlägen aus dem Wege zu gehen, oder sie zu überhören. Sonst wäre ich bei meinem Vorhaben gescheitert.

~

Vor dem Frühstück einen Halbmarathon

Nun war es aber auch an der Zeit, dass meine derzeitigen internationalen Laufbegleiter sich Stück für Stück aus dem morgendlichen Laufen verabschiedeten. Die Jungs aus Bangladesch, Riaz, Rahul und Bulbul, steckten in Ausbildungsverträgen. Die Afrikaner Ousmane, Alpha, Mamadou und Adam mussten zu Integrationskursen schon früh mit dem Bus nach Leverkusen fahren. Gemeinsames Laufen ging also nur noch an den Wochenenden. Unter der Woche war ich also meist alleine unterwegs, steckte mir Hörbücher in die Ohren oder irgendwelche wissenschaftlichen Podcasts.

So manches Wochenende oder in den Ferien laufen sie immer noch mit mir, diese Jungs aus Afrika, Bangladesch und Pakistan. Und wenn man bedenkt, dass manche Läufer aus Deutschland tausende Kilometer reisen, um mit Afrikanern das Laufen zu trainieren, dann habe ich einen richtigen Volltreffer mit meiner Lauftruppe gemacht.

Ende des Jahres 2016 machte ich noch eine interessante Erfahrung. Bei mir meldeten sich zwei Podcastbetreiber und machten mit mir ein Interview, um meine Geschichte über das Täglichlaufen und die Erdumrundung zu erzählen. Das war total spannend und hat mir richtigen Spaß bereitet.

Mein Freund Bulbul aus Bangladesch hat in diesem Jahr auch eine wichtige Erfahrung gemacht, denn sollte er mal wieder in seine Heimat zurück kommen, dann weiß er ganz genau, wie wir Deutschen hier so ticken und kann es seinen Landsleuten erzählen. Er meint: “Die Deutschen schreiben in der Ausbildung ein Berichtsheft über alle Dinge, die sie so am Tag gemacht haben - in Normschrift. Und sie laufen jeden Morgen einen Halbmarathon - vor dem Frühstück.”

Fünf Jahre ohne Pausentag

29. Dezember 2016 - Tag 1.824 in Folge.

Dann neigte sich das Jahr 2016 dem Ende zu. Am zweiten Januar 2012 hatte ich mit dem täglich Laufen begonnen. Damals wusste ich noch nicht, was das wirklich für mich bedeuten sollte. Diese andere Sicht der Dinge zuzulassen. Sie spannend und interessant zu empfinden. Diese Möglichkeiten. Diese Erkenntnisse. Diese Erfahrungen. Nur noch wenige Tage blieben jetzt dem alten Jahr 2016. Ein ereignisreiches Jahr für uns. Für die Jungs. Für mich. Ganz bald war für mich persönlich wieder ein großer Meilenstein bei meiner tagtäglichen Lauferei erreicht. Aber an diesem Tag lief ich erst einmal über die 42.000 Kilometer Grenze im Täglichlaufen.

Nur noch ein paar Tage, dann war es so weit. Sag niemals nie. Wieder war ein sehr bewegtes Jahr vergangen. Ich lief in 2016 runde 8.400 Kilometer und ging zusätzlich etwas über 2.900 Kilometer Wandern. Doch das war für mich gar nicht mehr so eine große Sache. Bewegung gehörte ja schließlich jetzt zum Alltag und war aus ihm nicht mehr wegzudenken. Was für mich viel wichtiger erschien, war mein Lauf am 01. Januar 2017, denn mit diesem Lauf war ich sage und schreibe ganze fünf Jahre in Folge jeden Tag gelaufen. Fünf Jahre. Unglaublich. Für mich war es kaum vorstellbar und wenn ich es nicht selbst wäre, dann hätte ich es entweder nicht geglaubt oder ich hätte mich für außerirdisch oder einfach für total verrückt gehalten. Doch es passierte wirklich. Eine Gesamtdistanz von 42.064 Kilometern mit 532.566 Höhenmetern. Als ein Streakrunner. Ein Täglichläufer. Einer dieser Täglichläufer, der auf einem Wettkampf über zehn, einundzwanzig oder zweiundvierzig Kilometer vermutlich keinen Blumentopf gewinnen könnte. Wenn ich denn überhaupt einmal an einem Wettkampf teilgenommen hätte oder in Zukunft teilnehmen würde. Doch Geschwindigkeit ist bekanntlich relativ. Kommt immer darauf an, wo man noch hin will.

Die Reise geht weiter.

Inoffiziell

Als inoffiziell bezeichne ich meine Laufe, weil ich in der Läuferscene zu denen gehöre, die nicht an offiziellen Laufveranstaltungen teilnehmen.

8. Januar 2017 - Tag 1.834 in Folge.

Glatteis erfreute das Bundesland Nordrhein-Westfalen. Eine gute Wahl war es also, die Yaktrax-Spikes unter die Laufschuhe zu schnallen. Ich erwartete keinen meiner Laufkollegen, aber wurde am Treffpunkt von Alpha und Ousmane überrascht. Einige Kilometer weiter, kurz vor Bergisch Born, kam uns auch noch Martin aus Lennep entgegen, der uns dann bis Lennep begleitete. Ab hier müssen wir ja nur wieder nach Hause. Auch an diesem Tag lief ich wieder vollkommen inoffiziell. Das mache ich jetzt aktuell seit fünf Jahren und acht Tagen in Folge. 42.216 inoffizielle Laufkilometer sind es nun mit diesem Tage. Alles inoffiziell und ohne Ahnung von großen Läufen, wie man in der Läuferszene schwurbelt. Man ist in den Augen vieler eigentlich gar kein richtiger Läufer. Ja es waren in dieser Zeit auch ein paar Läufe über die Marathondistanz dabei und auch welche darüber. Aber auch die natürlich vollkommen inoffiziell und ganz außerhalb jeder Wertung. Keine Medaille. Kein Pokal. Keine Urkunde. Einfach inoffiziell. Laufen. Aber am Ende zählt nicht nur offiziell. Am Ende zählt, was man tatsächlich getan hat und ob es der eigenen Sache nutzt. Es wäre sogar eigentlich vollkommen egal, ob es überhaupt jemand mitbekäme. Also ohne Facebook, irgendwelche Listen, Vereine oder Wettkämpfe oder dieses Buch hier. Doch dass es jemand mitbekommt, kann auf viele Menschen motivierend wirken. Meist mehr noch als eine Medaille. Und am Ende bist du ein Läufer, wenn du läufst. Nicht mehr und nicht weniger.

10.000 Schritte am Tag funktioniert

So lief ich weiter. Kilometer um Kilometer. Tag um Tag. Woche um Woche. Monat um Monat. Am 19. Februar überlief ich die 43.000 Kilometergrenze. Ich war nun 1.876 Tage in Folge unterwegs. Mittlerweile hatte ich auf meinen Morgenläufen oft Laufbegleitung von Alpha und Mamadou aus Guinea, von Adama aus Guinea-Bissau und Nurudeen aus Togo. Die jungen Afrikaner habens drauf mit der Lauferei. Sie waren immer dabei, wenn es ihre Zeit neben der Schule zuließ. Doch nur einer war am Wochenende immer mit dabei. Mein Freund Bulbul aus Bangladesch. Er hatte im März 2017, nach über anderthalb Jahren Wartezeit, endlich seinen Bescheid vom Bundesamt für Migration und Flüchtlinge bekommen, dass er als Flüchtling anerkannt wird. Viele meiner anderen Begleiter aus Afrika, Syrien, Bangladesch, Afghanistan, Somalia, Pakistan und dem Irak sind derzeit immer noch nicht sicher. Die Mühlen der Bürokratie und Justiz mahlen langsam. Oft viel zu langsam.

Einigen war es so unsicher, dass sie weitergezogen sind. In irgendein anderes Land auf der Welt. Möge es ihnen dort besser gehen. Ich lief weiter. Es blieb mir auch nichts anderes übrig, hatte ich doch mein, beziehungsweise unser Leben komplett geändert und auf das Täglichlaufen ausgerichtet. Am Morgen eine Runde laufen war meine Nummer eins.

Ein Sportpsychologe sagte einmal in einem Interview zu meiner Person: „Ich hab auch mal ‘ne Zeit lang gestreakt. Daher kenne ich auch den Lutz. Daher konnte ich auch mit dem Namen was anfangen. Und was mir am meisten halt bei ihm imponiert hat, war, dass der einfach ‘ne super gesunde Einstellung zum Laufen hat. Das hat mir so imponiert.“ Und damit hat er den Nagel auf den Kopf getroffen. Da gehts nicht um Geschwindigkeit, da gehts nicht darum, irgendwas zu gewinnen oder sich mit irgendwas zu profilieren, sondern einfach darum, es zu tun.

Für mich ist das “wach werden” - für mich ist das das Leben. Ich entfernte mich immer mehr von jedem Wettkampfgedanken. Der war ja auch noch nie da, aber jetzt bekam er nicht mal mehr eine Chance, sich zu entwickeln. Laufen ist für mich einfach nur die natürliche Form der Bewegung. Dafür testete ich mich selbst aus. Zum Beispiel, wieviele Schritte ich so am Tag im Durchschnitt hinter mich brachte. Über ein Jahr schrieb ich das auf und stellte dafür meinen Schrittzähler an. Erstaunt war ich, dass ich bis auf ganz wenige Ausnahmen mindestens 35.000 Schritte am Tag erreichte. Irgendwer erzählte mal, dass man so mindestens 10.000 Schritte am Tag gehen solle. Ok, das funktioniert bei mir.

45.000 Kilometer ohne Pausentag

Es war der Tag nach dem zehn Kilometer Stadtlauf in Wermelskirchen, an dem neun Jungs meiner Flüchtlingslaufgruppe teilnahmen. Sie haben alles gegeben und waren dementsprechend noch kaputt vom Rennen, so dass ich meinen Jubiläumslauf und die 45.000 Kilometergrenze ganz alleine zelebrieren durfte. Also wieder ein Feiertag in dieser endlosen Schlange von Feiertagen. Das macht nämlich Freude, wenn es hin und wieder einen extra Feiertag gibt.

Anjas Rückschlag

Am 23. Juni 2017 lief ich meinen 2.000. Tag in Folge. Auf meinem Täglichläufertacho reihten sich 45.734 Kilometer aneinander. Ich konnte mich wirklich nicht über mein Vorwärtskommen beklagen. Doch für Anja gab es nur einige Tage später, am 27. Juni 2017, einen herben Rückschlag.

Jeder kennt das. Du stehst morgens auf und plötzlich zwickt es irgendwo. Mal ist es der Rücken, mal der Kopf, das Knie, die Schulter, mal die Seele oder irgendein anderes Körperteil. Ich sage ja immer: "Wem nichts weh tut, der ist schon tot." Diese Schmerzen des Alltags gehören zum Leben dazu, sind nicht gewünscht, aber ohne sie ist es verdammt nochmal nicht möglich zu leben. Jetzt ist es aber so, dass wir Täglichläufer und Menschen, die sich viel in der Natur aufhalten, ein recht gutes Gefühl für unseren Körper und unsere Seele haben. Das ist nicht nur bei Anja und mir so. Das hören wir ebenfalls von vielen anderen Menschen.

Und an diesem Tag war es bei Anja soweit, als sie genau spürte, dass sie erst einmal mit der täglichen Lauferei pausieren musste. Zu viele Unfälle, Stürze, Verdrehungen im Alltag hatten das Knie offenbar so belastet, dass es jetzt erst einmal untersucht werden musste. Laufen, auch langsam und selbst, wenn es nur eine Meile wäre, war definitiv nicht mehr möglich. Anjas erster Streak war nach vier Jahren und drei Monaten und 15.327 Kilometern beendet. Das tat weh. Weniger im Knie, als in der Seele. Wie weh es tat, kann kein anderer Mensch mitfühlen. Es ist, wie es ist. Doch wem nichts weh tut, der ist schon tot. Anja lebt und alles wird gut.

Einige Tage später, am 01. Juli 2017 begann Anja alternativ mit Walking und diese Sportart, ohne die

Flugphase, half ihr, die Sehnen, Bänder und Muskeln wieder so zu stabilisieren, dass sie ab dem 15. Oktober 2017 mit einer neuen Laufserie, einem neuen Streak, beginnen konnte.

Bis ich aufhöre

Dann kam der Winter 2017 und ich lief einige Morgenläufe mit Stefan, der sich von einigen Pfunden zu entledigen beabsichtigte. Und zum Winter gehört auch Kälte, und Kälte bedeutet Glätte auf den Wegen. Wir liefen einen Morgen im Dezember und ich sagte gerade noch zu Stefan, dass wir auf den Brücken wegen Glatteis gut aufpassen müssen, als ich schon rutschte und mich dabei etwas im linken Oberschenkel verrenkte. Erst machte mir das nichts aus und ich lief ohne Probleme weiter. Doch einige Tage später bemerkte ich just an der Stelle im Oberschenkel ein störendes Ziehen. Von jetzt an war fürs Erste schonendes Laufen angesagt. Zudem gab es auch an einigen Tagen reichlich Neuschnee, was meinen Morgenlauf nicht einfacher machte. Langsam laufen, um nicht in den schmerzhaften Bereich zu kommen, verlängerte meinen morgendlichen "Ausflug" mitunter um gut zwanzig Minuten. Für dieses Vorhaben wählte ich zu meiner Unterhaltung an den Wochentagen wieder Hörbücher und an

Samstagen und Sonntagen die Begleitung anderer Läufer und die meines Freundes Bulbul.

Je nach Befinden reduzierte ich auch an manchen Tagen meine Laufstrecke. Mal auf die erforderliche Mindeststrecke von einer Meile, mal zehn Kilometer, aber meist meine derzeitige Standardstrecke über die 22 Kilometer.

Mit dem Lauf am Morgen des 1. Januar des Jahres 2018 lief ich sechs Jahre ohne einen Tag Pause. Das war wieder so ein Highlight für den Kopf. Sechs Jahre jeden Morgen um 5:30 Uhr aufgestanden, die Laufschuhe geschnürt und um kurz nach sechs bei jedem Wetter zum Laufen raus. Rückblickend ist das Erreichen so einer langen Laufserie mit so vielen Kilometern, diesem Streak, ein wunderbares Gefühl. Es gibt wieder neue Gewissheit, auch schwierige Lebensumstände angehen zu können und nicht aufzugeben, wenn es schwer wird.

Nur wenige Tage später, am 16. Januar 2018 lief ich über die 50.000 Kilometergrenze in meinem ersten Streak.

So wie es aussieht, werde ich wohl weiterhin täglich laufen, und antworte derweil auf die immer wiederkehrenden Fragen: "Warum machst du das mit dem Täglichlaufen?" mit den Worten:

"Weißt du, ich habe vor langer Zeit einmal mit Täglichlaufen angefangen und denke nicht mehr darüber nach."

“Und wie lange willst du das noch so weiter machen?“

"Bis ich aufhöre."

Gymnastik, Obst, Joghurt und Körner.

"They just couldn't believe that someone would do all that running for no particular reason." (Zitat aus dem Film Forrest Gump)

Warum "Lebenslauf"? Nachwort

Was ich Ihnen hier vorlege, ist keine Biografie, kein üblicher Lebenslauf. Denn dieses Büchlein behandelt eigentlich erst die Zeit ab meinem vierzigsten Lebensjahr, also einen eher kleinen Ausschnitt aus meinem Leben.

Und es ist auch kein “Laufbuch”. Denn wenn ich nur liefe und darüber schriebe, dann wäre dieses Buch hier eines der üblichen Laufbücher.

Ich habe mich entschieden, meiner Lauferei auch eine andere, eine nicht-sportliche Bedeutung zu geben. Durch mein Laufen veränderten sich Werte,

Verhaltensweisen, Möglichkeiten und die Kommunikation darüber und somit auch alle anderen Bereiche meines Lebens.

Ich bin kein Schriftsteller und Texte spielten für mich erst eine Rolle, seitdem ich im Jahre 2005 angefangen habe, täglich einen Blog zu schreiben. Und den Blog schrieb ich wegen meiner Lebensänderung durch Sport.

Ich schrieb und schreibe immer so, wie mir der Schnabel gewachsen ist oder wie die Gedanken in meinem Kopf entstanden sind. Aber ich bin natürlich in Sachen Schreiben nicht ausgebildet und habe keinen Kurs besucht. Ich bin kein Profi. Kein Laufprofi und kein Schreibprofi. Ich bin ein ganz normaler Mann, der sich eine Aufgabe vorgenommen hat, die er genau so wie seine sportlichen Aktivitäten umsetzt. Alle sportlichen Überlegungen und Gewissheiten habe ich autodidaktisch erworben und ich mache mir meinen eigenen Reim auf die Dinge. Bei der Schreiberei wie beim Laufen.

Dieses Buch ist also kein Lebenslauf und doch ein Lebenslauf. Es behandelt einen Abschnitt und einen Aspekt meines Lebens. Es beschreibt mich aber besser, als wenn ich einen kompletten Lebenslauf aufschriebe.

Und Sie, die Leser müssen jetzt damit leben, dass hier Lutz Balschuweit schreibt und nicht Erich Kästner.

Lutz Balschuweit

Begleitende Fotos und Videomaterial finden Sie mit dem folgenden Link oder QR-Code unter:
https://www.balschuweit.de/blog2/lebenslauf

Mein Internetblog befindet sich hier:
https://www.balschuweit.de/blog2

Lutz Balschuweit auf Facebook:
https://www.facebook.com/Lutz.Balschuweit

Auf Twitter schreibe ich unter:
https://www.twitter.com/unserweg

Meine Youtube Videos sehen Sie hier:
https://www.youtube.com/anjalutz

Ich bedanke mich für die Mitwirkung an diesem Buch in erster Linie bei Anja und Paul für ihre Geduld, bei Caro und Wolfgang für die Textkorrekturen, bei Claudia und Anka für die Hilfe bei der Erstellung des Covers, bei Rainer für den Titelvorschlag, den wir nach vielem Hin und Her auswählten, bei Rainer, Cornelia, Steffen, Armin, Frank und Bulbul für das Vorwort und last but not least bei den Menschen, welche uns und mich das alles haben erleben lassen.

Und ich entschuldige mich hiermit bei all jenen, die ich in den letzten Monaten in jeder sich bietenden Situation mit diesem Werk genervt habe.

Irgendwas is' ja immer.

Printed in Germany
by Amazon Distribution
GmbH, Leipzig

16304855R00164